U0469241

国家社会科学基金（教育学）重大项目（VDA200004）阶段性研究成果
北京外国语大学“双一流”建设标志性项目（BW202018）阶段性研究成果

“一带一路”国家文化教育大系　　总主编　王定华

莫桑比克
文化教育研究

República de Moçambique
Cultura e Educação

朱睿智　杨傲然　著

外语教学与研究出版社
FOREIGN LANGUAGE TEACHING AND RESEARCH PRESS
北京 BEIJING

图书在版编目（CIP）数据

莫桑比克文化教育研究 / 朱睿智，杨傲然著．-- 北京 ：外语教学与研究出版社，2021.5

（“一带一路”国家文化教育大系 / 王定华总主编）

ISBN 978-7-5213-2628-4

Ⅰ．①莫… Ⅱ．①朱… ②杨… Ⅲ．①教育研究－莫桑比克 Ⅳ．①G547.1

中国版本图书馆 CIP 数据核字（2021）第 095424 号

出 版 人　徐建忠
项目负责　孙凤兰　巢小倩
责任编辑　巢小倩
责任校对　孙凤兰
装帧设计　李　高
出版发行　外语教学与研究出版社
社　　址　北京市西三环北路 19 号（100089）
网　　址　http://www.fltrp.com
印　　刷　北京盛通印刷股份有限公司
开　　本　787×1092　1/16
印　　张　16
版　　次　2021 年 6 月第 1 版　2021 年 6 月第 1 次印刷
书　　号　ISBN 978-7-5213-2628-4
定　　价　108.00 元

购书咨询：（010）88819926　电子邮箱：club@fltrp.com
外研书店：https://waiyants.tmall.com
凡印刷、装订质量问题，请联系我社印制部
联系电话：（010）61207896　电子邮箱：zhijian@fltrp.com
凡侵权、盗版书籍线索，请联系我社法律事务部
举报电话：（010）88817519　电子邮箱：banquan@fltrp.com
物料号：326280001

记载人类文明
沟通世界文化
www.fltrp.com

莫桑比克卡宾山

莫桑比克岛海滩

莫桑比克岛城墙遗迹

莫桑比克卡奥拉·巴萨水电站

莫桑比克首任总统萨莫拉·莫伊塞斯·马谢尔（1933—1986）雕像

鸟瞰马普托市

莫桑比克岛上建筑

莫桑比克集市

莫桑比克马库阿人舞蹈

莫桑比克木雕

莫桑比克一所幼儿园的教室

莫桑比克一所幼儿园的师生

莫桑比克小学课堂

莫桑比克的一所中学

爱德华多·蒙德拉内大学

莫桑比克教育大学贝拉分校

大学图书馆

莫桑比克职业教育课堂

莫桑比克扫盲运动

莫桑比克教师教育课堂

出版说明

2013年9月7日，国家主席习近平提出共建“丝绸之路经济带”重大倡议。2013年10月3日，习近平主席提出共建“21世纪海上丝绸之路”重大倡议。两者合称“一带一路”倡议。以2013年金秋为起点，“一带一路”倡议作为构建人类命运共同体的伟大设想，在开拓和平、繁荣、开放、绿色、创新、文明之路的非凡征程中，孕育生机和活力，汇聚信心和期待，在世界范围内广受欢迎和响应。

文化交流、文明互鉴是构建人类命运共同体的人文基础。文化发展，教育先行。作为“共和国外交官的摇篮”、文化教育的主动践行者、“一带一路”倡议的踊跃响应者和构建人类命运共同体的积极参与者，北京外国语大学在党委书记王定华教授的带领下，放眼世界，找准坐标，勇于担当，主动作为，深耕文化教育相关领域，研究、策划并组织编写了“一带一路”国家文化教育大系（以下简称大系）。国内相关高校和研究机构的众多专家学者献计献策，踊跃参加，形成了一个范围广泛、交流互动、共同进步的“一带一路”国家文化教育学术研究共同体。大系旨在填补国内相关研究领域的学术空白，实现“一带一路”国家教育研究全覆盖，为中国教育“走出去”和相关国家先进教育理念“请进来”提供科学理论和实践指导，具有重要的学术价值。同时，大系服务国家重大战略，通过分期分批出版，形成规模和品牌，向中国共产党建党一百周年和“一带一路”倡议提出十周年献礼，具有深远的意义。

作为国家社会科学基金（教育学）重大项目“新时代提升中国参与全球教育治理的能力及策略研究”、北京外国语大学“双一流”建设标志性项目“‘一带一路’国家文化教育研究”的课题研究成果和北京外国语大学党委的“奋进之举”，大系秉承学术性与可读性兼顾的原则，对“一带一路”国家文化教育理论与实践问题展开深入研究，从国情概览、文化传统、教育历史、学前教育、基础教育、高等教育、职业教育、成人教育、教师教育、教育政策、教育行政、教育交流等方面，全景擘画“一带一路”国家的教育风貌，帮助读者了解“一带一路”国家教育的历史与现状、经验与特点，为我国教育的发展和对外交流合作提供有益的借鉴、思考与启迪。

肆虐全球的新冠肺炎疫情严重影响了各国人民的生产生活，带来了二战以来人类面临的最严重的全球性危机，同时也再次阐述了人类命运共同体深刻内涵的世界性意义。在疫情防控常态化背景下，大系所有专家学者不畏困难，齐心协力，直面挑战，守望相助，化危为机，切实履行了响应和支持“一带一路”倡议的承诺。在此，特别感谢大系总策划、总主编王定华教授，以及所有顾问、编委和作者的心血倾注、智慧贡献和努力付出。

外语教学与研究出版社对大系的编写和出版工作给予了高度重视。自 2019 年项目启动以来，外研社抽调精锐力量成立大系工作组，多次组织相关部门和人员召开选题论证会，商建编委会，召开全体作者大会，制订周密、科学的出版计划，以保证项目的顺利开展和图书的优质出版。目前，大系的出版工作已取得阶段性成果，预计在 2023 年“一带一路”倡议提出十周年之前，将分期分批推出数量和规模可观的、具有相当科研价值和学术价值的系列专著。期望大系的编写和出版能为“一带一路”建设、中外教育交流及我国文化教育发展发挥基础性、服务性、广远性的作用。

外语教学与研究出版社

2021 年 4 月

总　序

王定华

改革开放以来，中国各项事业取得了巨大成就。中国经济和世界经济高度关联，中国一以贯之地坚持对外开放的基本国策，构建全方位开放新格局，深度融入世界经济体系。2013 年 9 月和 10 月，习近平主席在出访中亚和东南亚国家期间，先后提出共建“丝绸之路经济带”和“21 世纪海上丝绸之路”的重大倡议（以下简称“一带一路”倡议），得到国际社会的高度关注。其中，“丝绸之路经济带”东边牵着亚太经济圈，西边系着发达的欧洲经济圈，是世界上最长、最具发展潜力的经济大走廊；“21 世纪海上丝绸之路”串起连通东盟、南亚、西亚、北非、欧洲等各大经济板块的市场链，发展面向南海、太平洋和印度洋的战略合作经济带，以亚欧非经济贸易一体化为发展的长期目标。

一、精准把握“一带一路”倡议的时代意蕴

“经济带”概念是对地区经济合作模式的创新。其中经济走廊涵盖中蒙

俄经济走廊、新亚欧大陆桥、中国–中亚–西亚经济走廊、孟中印缅经济走廊、中国–中南半岛经济走廊等，以经济增长极辐射周边，超越了传统发展经济学理论。“丝绸之路经济带”概念不同于历史上所出现的各类“经济区”与“经济联盟”，同后两者相比，经济带具有灵活性高、适用性广以及可操作性强的特点，各国都是平等的参与者，本着自愿参与、协同推进的原则，发扬古丝绸之路兼容并包的精神。

“一带一路”倡议是我国在新时代推进全方位对外开放的重要举措，为当今世界提供了一个充满东方智慧、实现共同发展的中国方案，也是对历史文化传统的高度尊重，凝聚了世界各国利益的最大公约数。丝绸之路是起始于古代中国，连接亚洲、非洲和欧洲的古代陆上商业贸易路线，最初的作用是运输古代中国出产的丝绸、瓷器等商品，后来成为东方与西方之间在经济、政治、文化等方面进行交流的主要通道。1877 年，德国地质、地理学家李希霍芬（F. P. W. Richthofen）在其著作《中国》一书中，把公元前 114 年至公元 127 年，中国与中亚、中国与印度间以丝绸贸易为媒介的这条西域交通道路命名为“丝绸之路”，这一名词很快为学术界和大众所接受，并正式运用。其后，德国历史学家赫尔曼（A. Herrmann）在 20 世纪初出版的《中国与叙利亚之间的古代丝绸之路》一书中，根据新发现的文物考古资料，进一步把丝绸之路延伸到地中海西岸和小亚细亚，并确定了丝绸之路的基本内涵，即它是中国古代与中亚、南亚、西亚以及欧洲、北非的陆上贸易交往通道。进入 21 世纪，海上丝绸之路也被纳入丝绸之路的涵盖范围，即从中国沿海港口过南海到印度洋并延伸至欧洲，从中国沿海港口过南海到南太平洋。随着时代的发展，“丝绸之路”成为古代中国与西方所有政治经济文化往来通道的统称。

推进“一带一路”建设既是中国扩大和深化对外开放的需要，也是加强和世界各国互利合作的需要，中国愿意承担更多责任和义务，为人类和平发展做出更大的贡献。文明交流互鉴是构建人类命运共同体的重要途径，是推动人类文明共同进步、实现世界和平发展的重要动力。共建“一带一路”要顺应世界多极化、经济全球化、文化多样化、社会信息化的潮流，秉持开放的区域合作精神，致力于推动“一带一路”各国实现经济政策协调，开展更大范围、更高水平、更深层次的区域合作，共同打造开放、包容、均衡、普惠的区域经济合作架构，维护全球自由贸易体系和开放型世界经济格局。

“一带一路”贯穿亚欧非大陆，一头是活跃的东亚经济圈，一头是发达的欧洲经济圈，中间广大腹地国家经济发展潜力巨大。根据“一带一路”走向，陆上依托国际大通道，以中心城市为支撑，以重点经贸产业园区为合作平台，共同打造新亚欧大陆桥以及中蒙俄、中国–中亚–西亚、中国–中南半岛等国际经济合作走廊；海上以重点港口为基点，共同建设通畅安全高效的运输大通道。

“一带一路”建设是有关国家开放合作的宏大经济愿景，需要各国携手努力，朝着互利互惠、共同安全的目标相向而行：努力实现区域基础设施更加完善，安全高效的陆海空通道网络基本形成，互联互通达到新水平；投资贸易便利化水平进一步提升，高标准自由贸易区网络基本形成，经济联系更加紧密，政治互信更加深入；人文交流更加广泛深入，不同文明互鉴共荣，各国人民相知相交、和平友好。

“一带一路”倡议是具有开放性和包容性的友好建议。当今世界是一个开放的世界，开放带来进步，封闭导致落后。中国认为，只有开放才能发现机遇、抓住并用好机遇、主动创造机遇，才能实现国家的奋斗目标。“一带一路”倡议就是要把世界的机遇转变为中国的机遇，把中国的机遇转变为世界的机遇。正是基于这种认知与愿景，“一带一路”倡议以开放为导向，冀望通过加强交通、能源和网络等基础设施的互联互通建设，促进经济要素有序自由流动、资源高效配置和市场深度融合，开展更大范围、更高水平、更深层次的区域合作，打造开放、包容、均衡、普惠的区域经济合作架构，以此来解决经济增长和平衡问题。“一带一路”倡议的开放包容性是区别于其他区域性经济倡议的一个突出特点。

“一带一路”倡议是超越地缘政治的务实合作的广阔平台。“和平合作、开放包容、互学互鉴、互利共赢”的丝路精神是人类共有的历史财富，“一带一路”倡议就是秉承这一精神与原则提出的新时代重要倡议，通过加强相关国家间的全方位多层面交流合作，充分发掘与发挥各国的发展潜力与比较优势，形成互利共赢的区域利益共同体、命运共同体和责任共同体。在这一机制中，各国是平等的参与者、贡献者、受益者。因此，“一带一路”倡议从一开始就具有平等性、和平性特征。平等是中国坚持的重要国际准则，也是“一带一路”建设的关键基础。只有建立在平等基础上的合作才能是持久的合作，也才会是互利的合作。“一带一路”倡议平等包容的合作特征为其推进减轻了阻力，提升了共建效率，有助于国际合作真正“落地生根”。同时，“一带一路”建设离不开和平安宁的国际环境和地区环境，和平是“一带一路”建设的本质属性，也是保障其顺利推进所不可或缺的重要因素。这些就决定了“一带一路”倡议不应该也不可能沦为大国政治较量的工具，更不会重复地缘博弈的老路。

“一带一路”倡议是政府、企业、团体共同发力的项目载体。“一带一路”建设是在双边或多边联动基础上通过具体项目加以推进的，是在进行充分政策沟通、战略对接以及市场运作后形成的发展倡议与规划。2017 年 5 月发布的《“一带一路”国际合作高峰论坛圆桌峰会联合公报》强调了建设“一带一路”的合作原则，其中就包括市场运作原则，即充分认识市场作用和企业主体地位，确保政府发挥适当作用，政府采购程序应开放、透明、非歧视。可见，“一带一路”建设的核心主体与支撑力量并不是政府，而是企业，根本方法是遵循市场规律，并通过市场化运作模式来实现参与各方的利益诉求，政府在其中发挥构建平台、创立机制、政策引导等指向性、服务性功能。

“一带一路”倡议是与现有相关机制对接互补的有益渠道。参与“一带一路”建设的国家要素禀赋各异，比较优势差异明显，互补性很强。有的国家能源资源富集但开发力度不够，有的国家劳动力充裕但就业岗位不足，有的国家市场空间广阔但产业基础薄弱，有的国家基础设施建设需求旺盛但资金紧缺。我国目前经济总量居全球第二，外汇储备居全球第一，优势产业越来越多，基础设施建设经验丰富，装备制造能力强、质量好、性价比高，具备资金、技术、人才、管理等综合优势。这就为我国与其他“一带一路”建设参与方实现产业对接与优势互补提供了现实可能与重大机遇。因而，“一带一路”倡议的核心内容就是要加强基础设施建设和促进互联互通，对接各国政策和发展战略，以便深化务实合作，促进协调联动发展，实现共同繁荣。由此可见，“一带一路”倡议不是对现有地区合作机制的替代，而是与现有机制互为助力、相互补充。实际上，“一带一路”建设已经与俄罗斯主导的欧亚经济联盟、印尼全球海洋支点发展规划、哈萨克斯坦光明之路经济发展战略、蒙古国草原之路倡议、欧盟欧洲投资计划、埃及苏伊士运河走廊开发计划等实现了对接与合作，并形成了一批标志性项目，如中哈（连云港）物流合作基地。作为新亚欧大陆桥经济走廊建设成果之一，中哈（连云港）物流合作基地初步实现了深水大港、远洋干线、中欧班列、物流场站的无缝对接。该项目与哈萨克斯坦光明之路经济发展战略高度契合。

“一带一路”倡议是促进人文交流的沟通桥梁。“一带一路”倡议跨越不同区域、不同文化、不同宗教信仰，但它带来的不是文明冲突，而是各文明间的交流互鉴。“一带一路”倡议在推进基础设施建设、加强产能合作与发展战略对接的同时，也将“民心相通”作为工作重心之一。民心相通是“一带一路”建设的社会根基。民心相通就是要传承和弘扬丝绸之路友好合作精神，广泛进行文化交流、学术交流、人才交流往来、媒体合作、青年和妇女交往、志愿者服务等，为深化双边和多边合作奠定坚实的民意基础。一是扩大相互间留学生规模，开展合作办学；国家间互办文化年、艺术节、电影节、电视周和图书展等活动，深化国家间人才交流合作。二是加强旅游合作，扩大旅游规模，联合打造具有丝绸之路特色的国际精品旅游线路和旅游产品。三是强化与周边国家在传染病疫情信息沟通、防治技术交流、专业人才培养等方面的合作，提高合作处理突发公共卫生事件的能力。四是加强科技合作，共建联合实验室（研究中心）、国际技术转移中心、海上合作中心，促进科技人员交流，合作开展重大科技攻关，共同提升科技创新能力。五是整合现有资源，开拓和推进参与国家在青年就业、创业培训、职业技能开发、社会保障管理服务、公共行政管理等共同关心领域的务实合作。六是充分发挥政党、议会交往的桥梁作用，加强国家之间立法机构、主要党派和政治组织的友好往来，互结友好城市。七是加强各国民间组织的交流合作，重点面向基层民众，广泛开展教育、医疗、减贫开发、生物多样性和生态环保等主题的各类公益慈善活动，改善贫困地区生产生活条件；加强文化传媒领域的国际交流合作，积极利用网络平台，运用新媒体工具，塑造和谐友好的文化生态和舆论环境；通过强化民心相通，弘扬丝绸之路精神，开展智力丝绸之路、健康丝绸之路等建设，在科学、教育、文化、卫生、民间交往等领域广泛合作，使“一带一路”建设的民意基础更为坚实，社会根基更加牢固。“一带一路”建设就是要以文明交流超越文明隔阂，以文明互鉴超越文明冲突，以文明共存超越文明优越，为相关国家人民加强交流、增进理解搭起新的桥梁，为不同文化和文明加强对话、交流互鉴织就新的纽带，推动各国相互理解、相互尊重、相互信任。

“一带一路”是促进共同发展、实现共同繁荣的友谊之路。共建“一带一路”旨在促进各国发展战略的对接和耦合，有利于发掘区域市场的潜力，推动经济要素有序自由流动、资源高效配置和市场深度融合，促进投资和消费，创造需求和就业，增进各国人民的人文交流与文明互鉴，从而让各国人民相逢相知、互信互敬，共享和谐、安宁、富裕的生活。共建“一带一路”符合国际社会的根本利益，彰显了人类社会的共同理想和美好追求，是国际合作及全球治理新模式的积极探索，将为世界和平发展增添新的正能量。中国政府倡议秉持和平合作、开放包容、互学互鉴、互利共赢的理念，全方位推进务实合作，打造政治互信、经济融合、文化包容的利益共同体、命运共同体和责任共同体。

“一带一路”倡议已经得到世界上众多国家和地区的积极响应，成为维护全球自由贸易体系和开放型世界经济的重要支撑。截至 2021 年 1 月 30 日，中国已经同 171 个国家和国际组织签署 205 份共建“一带一路”合作文件。[1] 特别是 2017 年 5 月第一届“一带一路”国际合作高峰论坛、2019 年 4 月第二届“一带一路”国际合作高峰论坛和 2019 年 5 月亚洲文明对话大会的成功举办，充分彰显了我国开放、包容的大国外交风范。在此背景下，我们一方面应致力于向世界介绍中国，推动中国文化“走出去”，讲好中国故事；另一方面也应加强对“一带一路”国家的历史、文化、语言、教育、艺术等方面的介绍和研究，让中国人民更多地了解“一带一路”国家的具体国情，特别是文化传统和教育体系。

“一带一路”倡议合作范围不断扩大，合作领域愈加广阔。它不仅给参与各方带来了实实在在的合作红利，也为世界贡献了应对挑战、创造机遇、强化信心的智慧与力量。

当今世界，新冠肺炎疫情带来诸多挑战，局部战争风险依然存在，经济增长动能不足，“逆全球化”思潮涌动，地区动荡持续，恐怖主义蔓延。和平赤字、发展赤字、治理赤字带来的严峻问题，已摆在全人类面前。这充分说明现有的全球治理体系面临结构性问题，亟须找到新的破解之策与应对方略。作为一个新兴大国，中国有能力、有意愿同时也有责任为完善全球治理体系贡献智慧与力量。面对新挑战、新问题、新情况，中国给出

[1] 中国一带一路网. 我国已签署共建“一带一路”合作文件 205 份 [EB/OL].（2021-01-30）[2021-02-23]. https://www.yidaiyilu.gov.cn/xwzx/gnxw/163241.htm.

的全球治理方案是：构建人类命运共同体，实现共赢共享。“一带一路”倡议正是朝着这个目标努力的具体实践。“一带一路”倡议强调各国的平等参与、包容普惠，主张携手应对世界经济面临的挑战，开创发展新机遇，谋求发展新动力，拓展发展新空间，共同朝着人类命运共同体方向迈进。正是本着这样的原则与理念，“一带一路”倡议针对各国发展的现实问题和治理体系的短板，创立了亚洲基础设施投资银行、丝路基金等新型国际机制，构建了多形式、多渠道的交流合作平台。这既能缓解当今全球治理机制代表性、有效性、及时性难以适应现实需求的困境，在一定程度上扭转公共产品供应不足的局面，提振国际社会参与全球治理的士气与信心，又能满足发展中国家尤其是新兴市场国家变革全球治理机制的现实要求，大大增强了新兴国家和发展中国家的话语权，是推进全球治理体系朝着更加公正合理方向发展的重大突破。

“一带一路”倡议涵盖了发展中国家与发达国家，实现了“南南合作”与“南北合作”的统一，有助于推动全球均衡可持续发展。“一带一路”建设以基础设施建设为着眼点，促进经济要素有序自由流动，推动中国与相关国家的宏观政策的对接与协调。对于参与“一带一路”建设的发展中国家来说，这是一次搭中国经济发展“快车”“便车”，实现自身工业化、现代化的历史性机遇，有利于推动“南南合作”的广泛展开，同时也有助于增进“南北对话”，促进“南北合作”的深度发展。不仅如此，“一带一路”倡议的理念和方向同联合国《2030年可持续发展议程》也高度契合，完全能够加强对接，实现相互促进。联合国秘书长古特雷斯表示，“一带一路”倡议与《2030年可持续发展议程》都以可持续发展为目标，都试图提供机会、全球公共产品和双赢合作，都致力于深化国家和区域间的联系。

二、深入推动“一带一路”国家的教育交流

2020年6月印发的《教育部等八部门关于加快和扩大新时代教育对外开放的意见》指出，教育对外开放是教育现代化的鲜明特征和重要推动力，要以习近平新时代中国特色社会主义思想为指导，坚持教育对外开放不动摇，主动加强同世界各国的互鉴、互容、互通，形成更全方位、更宽领域、更多层次、更加主动的教育对外开放局面。

教育为国家富强、民族繁荣、人民幸福之本，在共建“一带一路”中具有基础性和先导性作用。教育交流为各国民心相通架设桥梁，人才培养为各国政策沟通、设施联通、贸易畅通、资金融通提供支撑。各国间教育交流源远流长，教育合作前景广阔，大家携手发展教育，合力共建“一带一路”，是造福各国人民的伟大事业。推进“一带一路”国家教育共同繁荣，既是加强与各国教育互利合作的需要，也是推进中国教育改革发展的需要，中国愿意在力所能及的范围内承担更多责任和义务，为区域教育大发展做出更大的贡献。

（一）教育合作的原则

“一带一路”国家教育合作应遵循四个重要原则。

一是育人为本，人文先行。加强合作育人，提高区域人口素质，为共建“一带一路”提供人才支撑。坚持人文交流先行，建立区域人文交流机制，搭建民心相通桥梁。

二是政府引导，民间主体。政府加强沟通协调，整合多种资源，引导教育融合发展。发挥学校、企业及其他社会力量的主体作用，活跃教育合作局面，丰富教育交流内涵。

三是共商共建，开放合作。坚持共商、共建、共享，推进各国教育发

展规划相互衔接，实现各国教育融通发展、互动发展。

四是和谐包容，互利共赢。加强不同文明之间的对话，寻求教育发展最佳契合点和教育合作最大公约数，促进各国在教育领域互利互惠。

（二）教育合作的重点

“一带一路”各国教育特色鲜明、资源丰富、互补性强、合作空间巨大。中国将以基础性、支撑性、引领性三方面举措为建议框架，开展三方面重点合作，对接各国意愿，互鉴先进教育经验，共享优质教育资源，全面推动各国教育提速发展。

1. 开展教育互联互通合作

一是加强教育政策沟通。开展“一带一路”国家教育法律、政策协同研究，构建各国教育政策信息交流通报机制，为各国政府推进教育政策互通提供决策建议，为各国学校和社会力量开展教育合作交流提供政策咨询。积极签署双边、多边和次区域教育合作框架协议，制定各国教育合作交流国际公约，逐步疏通教育合作交流政策性瓶颈，实现学分互认、学位互授联授，协力推进教育共同体建设。

二是助力教育合作渠道畅通。推进“一带一路”国家间签证便利化，扩大教育领域合作交流，形成往来频繁、合作众多、交流活跃、关系密切的携手发展局面。鼓励有合作基础、相同研究课题和发展目标的学校缔结姊妹关系，逐步深化和拓展教育合作交流。举办校长论坛，推进学校间开展多层次、多领域的务实合作。支持高等学校依托优势学科和专业，建立“产学研用”相结合的国际合作联合实验室（研究中心）、国际技术转移中心，共同应对各国在经济发展、资源利用、生态保护等方面面临的重大挑战与机遇。打造“一带一路”国家学术交流平台，吸引各国专家学者、青年学生开展研究和学术交流。推进“一带一路”国家优质教育资源共享。

三是促进语言互通。研究构建语言互通协调机制，共同开发语言互通开放课程，逐步将国家语言课程纳入各国的学校教育课程体系。拓展政府间语言学习交换项目，联合培养、相互培养高层次语言人才。发挥外国语院校人才培养优势，推进基础教育多语种师资队伍建设和外语教育教学工作。扩大语言学习国家公派留学人员规模，倡导各国与中国院校合作在华开办本国语言专业。支持更多社会力量助力孔子学院和孔子课堂建设，加强汉语教师和汉语教学志愿者队伍建设，全力满足不同国家的汉语学习需求。

四是推进民心相通。鼓励学者开展或合作开展中国课题研究，增进各国对中国发展模式、国家政策、教育文化等各方面的理解。建设国别和区域研究基地，与对象国合作开展经济、政治、教育、文化等领域研究。逐步将理解教育课程、丝路文化遗产保护纳入各国中小学教育课程体系，加强青少年对不同国家文化的理解。加强“丝绸之路”青少年交流，注重通过志愿服务、文化体验、体育竞赛、创新创业活动和新媒体社交等途径，增进不同国家青少年对其他国家文化的理解。

五是推动学历学位认证标准联通。推动落实联合国教科文组织《亚太地区承认高等教育资历公约》，支持联合国教科文组织建立世界范围学历互认机制，实现区域内双边、多边学历学位关联互认。呼吁各国完善教育质量保障体系和认证机制，加快推进本国教育资历框架开发，助力各国学习者在不同种类和不同阶段教育之间进行转换，促进终身学习社会的建设。共商、共建区域性职业教育资历框架，逐步实现就业市场的从业标准一体化。探索建立各国教师专业发展标准，促进教师流动。

2．开展人才培养培训合作

一是实施“丝绸之路”留学推进计划。设立“丝绸之路”中国政府奖学金，为各国专项培养行业领军人才和优秀技能人才。全面提升来华留学人才培养质量，把中国打造成为深受各国学子欢迎的留学目的地。以国家公派留学为引领，推动更多中国学生到“一带一路”其他国家留学。坚持“出国留学和来华留学并重、公费留学和自费留学并重、扩大规模和提高质量并重、依法管理和完善服务并重、人才培养和发挥作用并重”，完善全链条的留学人员管理服务体系，保障平安留学、健康留学、成功留学。

二是实施“丝绸之路”合作办学推进计划。有条件的中国高等学校开展境外办学要集中优势学科，选好合作契合点，做好前期论证工作，构建科学的人才培养模式、运行管理模式、服务当地模式、公共关系模式，使学校顺利落地生根、开花结果。发挥政府引领、行业主导作用，促进高等学校、职业院校与行业企业深度产教融合。鼓励中国优质职业教育配合高铁、电信运营等行业企业“走出去”，探索开展多种形式的境外合作办学，合作设立职业院校、培训中心，合作开发教学资源和项目，开展多层次职业教育和培训，培养当地急需的各类“一带一路”建设者。整合资源，积极推进与各国在青年就业培训等共同关心领域的务实合作。倡议国家之间开展高水平合作办学。

三是实施“丝绸之路”师资培训推进计划。开展“丝绸之路”教师培训，加强先进教育经验交流，提升区域教育质量。加强“丝绸之路”教师交流，推动各国校长交流访问、教师及管理人员交流研修，推进优质教育模式在各国的互学互鉴。大力推进各国优质教学仪器设备、教材课件和整体教学解决方案的输出，跟进教师培训工作，促进各国教育资源和教学水平均衡发展。

四是实施“丝绸之路”人才联合培养推进计划。推进国家间的研修访学活动。鼓励各国高等院校在语言、交通运输、建筑、医学、能源、环境工程、水利工程、生物科学、海洋科学、生态保护、文化遗产保护等国家发展急需的专业领域联合培养学生，推动联盟内或校际教育资源共享。

3. 共建丝路合作机制

一是加强“丝绸之路”人文交流高层磋商。开展国家间的双边、多边人文交流高层磋商，商定“一带一路”教育合作交流总体布局，协调推动各国建立教育双边和多边合作机制、教育质量保障协作机制和跨境教育市场监管协作机制，统筹推进“一带一路”教育共同行动。

二是充分发挥国际合作平台作用。发挥上海合作组织、东亚峰会、亚太经合组织、亚欧会议、亚洲相互协作与信任措施会议、中阿合作论坛、东南亚教育部长组织、中非合作论坛、中巴经济走廊、孟中印缅经济走廊、中蒙俄经济走廊等现有双边、多边合作机制的作用，增加教育合作的新内涵。借助联合国教科文组织等国际组织力量，推动各国围绕实现世界教育发展目标形成协作机制。充分利用中国–东盟教育交流周、中日韩大学交流合作促进委员会、中阿大学校长论坛、中非高校20+20合作计划、中日大学校长论坛、中韩大学校长论坛、中俄综合性大学联盟等已有平台，开展务实的教育合作交流。支持在共同区域、有合作基础、具备相同专业背景的学校组建联盟，不断延展教育务实合作平台。

三是实施“丝绸之路”教育援助计划。发挥教育援助在“一带一路”教育共同行动中的重要作用，逐步加大教育援助力度，重点投资于人、援助于人、惠及于人。发挥教育援助在“南南合作”中的重要作用，加大对相关国家尤其是最不发达国家的支持力度。统筹利用国家、教育系统和民间资源，为相关国家培养培训教师、学者和各类技能人才。积极开展优质教学仪器设备、整体教学方案、配套师资培训一体化援助。加强中国教育培训中心和教育援外基地建设。倡议各国建立政府引导、社会参与的多元化经费筹措机制，通过国家资助、社会融资、民间捐赠等渠道，拓宽教育经费来源，做大教育援助格局，实现教育共同发展。

三、精心组织“一带一路”国家文化教育大系的编著出版

在编写“一带一路”国家文化教育大系过程中，应当全面了解国内外对“一带一路”倡议的响应情况，关注进展，总结做法；应当在新冠肺炎疫情得到控制后到对象国去走一走，看一看，实地感受其教育情况和发展变化；应当广泛收集对象国一手资料，认真阅读，消化分析，吐故纳新；应当多方检索专家学者已经开展的相关研究，虚心参阅已有的研究成果。肆虐全球的新冠肺炎疫情，给人类身体健康和生命安全带来了巨大威胁，对世界格局和世界治理体系产生了重大影响，给全球各行各业带来了巨大挑战。教育置身其间，影响十分明显。因而，对“一带一路”国家文化教育进行研究时，必须观察分析疫情对相关国家文化教育和全球教育治理的深刻影响。

“一带一路”倡议提出后，中外已形成多个“一带一路”多边大学联盟。2015 年 5 月 22 日，由西安交通大学发起的新丝绸之路大学联盟成立，迄今已吸引 38 个国家和地区的 150 余所大学加盟。该联盟是海内外大学结成的非政府、非营利性的开放性、国际化高等教育合作平台，以“共建教育合作平台，推进区域开放发展”为主题，推动“新丝绸之路经济带”国家和地区大学之间在校际交流、人才培养、科研合作、文化沟通、政策研究、医疗服务等方面的交流与合作，增进青少年之间的了解和友谊，培养具有国际视野的高素质、复合型人才，服务“新丝绸之路经济带”及欧亚地区的发展建设。

2015 年 10 月 17 日，丝绸之路（敦煌）国际文化博览会筹委会文化传承创新高端学术研讨会在敦煌举行。中国的复旦大学、北京师范大学、兰州大

学和俄罗斯乌拉尔国立经济大学、韩国釜庆大学等46所中外高校在甘肃敦煌成立了“一带一路”高校战略联盟，以探索跨国培养与跨境流动的人才培养新机制，培养具有国际视野的高素质人才。46所高校当日达成《敦煌共识》，联合建设“一带一路”高校国际联盟智库。联盟将共同打造“一带一路”高等教育共同体，推动“一带一路”国家和地区大学之间在教育、科技、文化等领域的全面交流与合作，服务“一带一路”国家和地区的经济社会发展。

2016年9月，中国、中亚及丝绸之路经济带沿线7个国家的51所高校共同发起成立了中国–中亚国家大学联盟，旨在打造开放性、国际化互动平台，深化“一带一路”科教合作。

此外，高等教育合作研讨会也日渐增多，既有官方推动形成的研讨会，也有民间自发举办的研讨会。比如，中外大学校长论坛、新加坡–中国–印度高等教育论坛、“一带一路”教育对话论坛，以及北京师范大学举办的“一带一路”国家教育交流与合作高端研讨会，北京外国语大学举办的“一带一路”与行业国际化人才培养高峰论坛，北京理工大学主办的“一带一路”高等教育研究国际会议，浙江大学举办的“一带一路”背景下的工程科技人才培养国际研讨会等。这些多边研讨会的召开，不仅吸引了大量“一带一路”沿线国家的教育研究者与实践者参会，推动了研究与实践合作，而且创新了教育合作模式，促进了国际化高端人才培养，为“一带一路”建设奠定了民意基础。

“一带一路”倡议提出之后，中国学术界迅速开展了关于“一带一路”的研究活动，有关“一带一路”主题的图书主要有以下五类。第一类是倡议解读类图书，一般是梳理“一带一路”倡议的提出、发展及其理论内涵与外延。第二类是经济贸易类图书，专业性较强，主要为理论研究型图书。第三类是国情文史类图书，多为介绍“一带一路”国家国情概览、历史情况、发展概况的工具书，语言平实，部分图书学术性较强。第四类是丝路历史类图书，一般回顾古代丝绸之路的形成与发展、丝绸之路上的人物和大事记等，追古溯源，以便更好地开启“一带一路”新篇章。第五类是法律税收类图书，多为法律指引、税务规范手册等。

可以看出，国内对“一带一路”国家的研究已有一定基础，但是囿于语言翻译的障碍，已经出版的“一带一路”图书，大多是政策解读、数据报告、概况介绍等，对对象国的研究广度和深度还很不够，尤其是针对“一带一路”国家文化教育的系统研究还比较少。

在“一带一路”国家中，遴选具有代表性的对象，对其文化、教育进行系统性的研究，并在此基础上编写“一带一路”国家文化教育大系，分期分批出版，对于帮助中国普通读者和研究人员了解“一带一路”国家的文化教育情况，以及对于拓展我国比较教育研究领域、丰富比较教育研究文献，乃至对于促进中外文明互通、更好地参与推进“一带一路”建设，都具有重要意义。基于对选题背景与意义、相关出版产品调研和北京外国语大学比较优势的分析，“一带一路”国家文化教育大系坚持学术性、可读性兼顾原则，分批次推出，不断积累，以形成规模和品牌。

大系在内容上，一方面呈现“一带一路”国家的文化概貌，展示“一带一路”国家教育发展的文化背景和社会依托。大系采用专题形式，力求用简洁平实的语言生动活泼地介绍“一带一路”国家的自然地理、人文景观、历史发展、风土人情、文化遗产等内容，重点呈现对象国独有的文化现象和独特风貌，集中揭示其民族文化内涵、民族精神、人文意蕴。另一方面，大系重点研究、评价、介绍“一带一路”国家教育的基本情况、发展历史、发展战略、政策法规、现存体系、治理模式与师资队伍等，这方面内容占较大篇幅，是全书的重点和主要内容。

“一带一路”倡议正在成为我国参与全球开放合作、改善全球治理体系、促进全球共同发展繁荣、推动构建人类命运共同体的中国方案。作为国家社会科学基金（教育学）重大项目“新时代提升中国参与全球教育治理的能力及策略研究”的部分研究成果和北京外国语大学“双一流”建设重大标志性成果，“一带一路”国家文化教育大系计划在2021年中国共产党建党100周年和北京外国语大学建校80周年之际，推出首批图书。2023年“一带一路”倡议提出10周年时，推出该项目二期成果。同时积极参与党和国家相关主题纪念活动，以及国家重大图书项目的申报评选工作。

北京外国语大学以外语见长，国际交往活跃，被誉为“共和国外交官的摇篮”，先后培养了400多位大使、2 000多位参赞，以及更多的外交外事外贸工作者。凡是有五星红旗飘扬的地方，都能看到北外人的身影。北外不仅承担着培养各类国际化人才的任务，更担负着向中国介绍世界、向世界介绍中国的历史使命。迄今为止，北外已获批开设101种外国语言，成立了37个区域与国别研究中心，丰富的涉外资源正在助力“一带一路”国家的研究。

大系由外研社具体组织实施。外研社隶属北外，多年来致力于“一带一路”国家的合作交流，服务讲好“中国故事”，在中华思想文化传播、打造中外出版联盟、推动中外学术互译等方面积累了丰富经验，对于协助研究、编著、出版“一带一路”国家文化教育大系具有良好的工作基础。这也是北外及外研社的使命和担当之所在。

大系编著者以北外教师为主。服务国家重大战略，北外人责无旁贷。同时，国内有研究专长和研究意愿的专家学者也踊跃参与，他们或独自撰著一书，或与北外同仁合作。大系还邀请了驻外使领馆的同志和对象国的学者参加撰写或审稿，他们运用一手资料，开展实地调研，力图提升大系的准确性。

四、结语

“一带一路”倡议植根历史，更面向未来；源于中国，更属于世界。“一带一路”作为文明互鉴的桥梁，从亚欧大陆延伸到非洲、美洲、大洋洲，与世界各国发展战略及众多国际和地区组织的发展实现对接联通，在通路、通航的基础上更好地通商，进而开展文化教育交流与沟通，加强商品、资金、技术、文化、教育流通，达成互学互鉴的文明愿景。“一带一路”倡议的目标是中国与“一带一路”国家在互联互通基础上分享优质产能，共商项目投资，共建基础设施，共享合作成果，内容包括政策沟通、设施联通、贸易畅通、资金融通、民心相通“五通”。“一带一路”倡议肩负重大使命，它要探寻经济增长之道，将中国自身的产能优势、技术与资金优势、经验与模式优势转化为市场与合作优势，实行全方位开放，共享中国改革发展红利；它要实现全球化再平衡，鼓励向西开放，带动西部开发以及中亚、蒙古等内陆国家和地区的开发，在国际社会推行全球化的包容性发展理念，主动向西推广中国优质产能和比较优势产业，惠及沿途、沿岸国家，避免西方国家所开创的全球化造成的贫富差距和地区发展不平衡情况，推动建立持久和平、普遍安全、共同繁荣的和谐世界；它要开创地区新型合作，强调共商、共建、共享原则，超越了马歇尔计划和传统的对外援助活动，给 21 世纪的国际合作带来了新的理念。所以，新时代中国的教育学者应当将“一带一路”国家文化教育研究作为比较教育新的增长点，全面深入开展研究，以自己的聪明才智丰富学术，为国出力，服务国家重大发展战略；在加强与“一带一路”国家的交流合作中，推动“一带一路”建设高质量发展，努力建设高质量的中国教育体系，并积极参与全球教育治理体系改革，加快构建以国内大循环为主体、国际国内双循环相互促进的新发展格局。

2021 年春

于北京外国语大学

（王定华，北京外国语大学党委书记、博士、教授、博士生导师，国家督学。历任河南大学教师、中国驻纽约总领事馆教育领事、教育部基础教育一司司长、教育部教师工作司司长等。）

本书前言

自2013年习近平主席提出建设“一带一路”的合作倡议以来，国际社会和学术界对“一带一路”倡议就给予了高度的关注和积极的响应。

当今世界正在经历新一轮大发展大变革大调整，各国经济社会发展联系日益密切，全球治理体系和国际秩序变革加速推进。同时，世界经济深刻调整，保护主义、单边主义抬头，经济全球化遭遇波折，多边主义和自由贸易体制受到冲击，不稳定性、不确定性因素依然很多，风险挑战加剧。“一带一路”倡议不仅为坚持维护多边主义和推动经济全球化提供了一份具有中国智慧的发展方案，也为世界共享繁荣、全球经济复苏与长远发展注入了新的动力。“一带一路”倡议不仅为经贸领域的合作提供了思路，还为增进不同文化之间的互相了解和学习提供了平台，更为构建人类命运共同体发挥了重要作用。在此背景下，中国与相关国家的文化、教育交流合作内涵不断丰富，形式不断创新，效能不断提升，在教育培训、学历学位互认、境外办学、留学基地建设等多个领域取得了丰硕的成果。

“一带一路”倡议与以葡萄牙语为官方语言的国家的未来发展战略高度契合。在中国-葡语国家经贸合作论坛第五届部长级会议上，莫桑比克在《中莫联合声明》中表示，“21世纪海上丝绸之路”倡议与莫桑比克本国发展战略和政策相协同，相对接。

莫桑比克位于非洲东南部，南邻南非、斯威士兰，西界津巴布韦、赞比亚、马拉维，北接坦桑尼亚，东临印度洋，隔莫桑比克海峡与马达加斯加相望，是非洲东南部内陆国家的重要出海口和区域性交通走廊，是“21世纪海上丝绸之路”在非洲的自然延伸。国土面积近80万平方千米，煤炭、天然气、森林、水利、渔业等资源丰富。

自1975年独立以来，莫桑比克政府高度重视传统文化的保护和教育系统的改革，通过修订宪法和相关法律规定、出台新的教育政策，保障国民受教育的基本权利，提高教育行政效率和教学质量。1992年内战结束后，国家实现了长期的和平与稳定。莫桑比克政府高举和平发展的旗帜，制定脱贫减困战略，加大扫盲力度，大力调整经济结构，加快基础设施建设，努力改善投资环境，积极扩大对外合作，促进社会经济平稳快速发展。根据国际货币基金组织公布的统计数据，2004—2014年，莫桑比克是同时期非洲发展最快的国家之一，国民经济总产值连续10年保持7%以上的增长速度。据预测，在煤炭、天然气等资源的强力支撑下，至2024年，莫桑比克经济增速有望达到11.5%。[1]然而，受制于资金、人力资源、基础设施等条件，与国家经济发展相比，莫桑比克教育的发展情况不尽如人意。

莫桑比克是中国在非洲的传统友好国家和重要合作伙伴。中莫传统友谊稳固，政治高度互信，发展理念相通，互补性极强。目前两国关系正处于历史上最紧密的时期。2016年两国元首宣布中莫建立全面战略合作伙伴关系。莫桑比克是中国开展国际产能合作、农业合作和能源合作的重点国家。中莫建交以来，双边关系稳定发展，经贸往来日渐增多，合作领域和规模不断扩大，取得了丰硕的成果。根据中华人民共和国商务部《对外投资合作国别（地区）指南》，中资企业在莫桑比克非金融类直接投资涉及基础设施、农业、通信、矿业、房地产、商贸物流等多个行业。其中，较大规模的中资企业由最初的几家增加到近百家。目前，中国是莫桑比克的最大投资来源国、主要贸易伙伴、基础设施项目最主要的融资方和建设者之

[1] 资料来源于国际货币基金组织官网。

一。[1] 经过几十年的实践与探索，中莫之间的教育交流已经由点到面全面展开，双方合作基础不断巩固，合作意愿进一步加强，合作成果持续显现。中莫两国高等院校建立各类校际合作，中国为莫桑比克提供专业人才培训、中文教育和奖学金支持等。在这样的背景下，中莫两国的教育交流形成了多层次、宽领域、蓬勃发展的局面。

本书在介绍莫桑比克自然地理、文化传统等背景情况的基础上，着力全面展示莫桑比克在教育发展方面的历史沿革、现状特点和经验教训，试图为读者提供有关莫桑比克学前教育、基础教育、高等教育等不同教育阶段的翔实信息，梳理中莫两国在教育交流合作中的典型案例并总结成功经验，以期对未来双方在“一带一路”框架下教育合作交流的进一步发展提供参考。就分工而言，朱睿智负责撰写本书前言、第一至第六章、结语，杨傲然负责撰写第七至第十二章。

本书的撰写过程并非一帆风顺。我们在 2019 年年底接下本书的编写工作，而紧随其后的新冠肺炎疫情使撰写工作受到严重影响。资料搜集困难、现有研究有限。在这样艰难的撰写过程中，我们要感谢以下专家、同仁对本书的支持与帮助。“一带一路”国家文化教育大系总主编王定华教授对本书的写作给予了有力的指导。外研社的编审人员始终关心着我们的撰写进程，与我们保持着密切的沟通，对稿件提出了十分中肯的修改意见。北京外国语大学西班牙语葡萄牙语学院教师张方方和李丛为我们提供了宝贵的学术写作经验，提高了我们作为学术新人的写作效率。北京外国语大学西班牙语葡萄牙语学院外教、葡萄牙卡蒙斯学院 Daniel Basílio 为我们答疑解惑并提供了自己在莫桑比克实地拍摄的照片。北京第二外国语学院教师邱贤玲，中国人民大学博士研究生吴赐霖，澳门大学硕士研究生朱琳珂，澳大利亚国立大学硕士研究生周梦圆，北京语言大学硕士研究生滕晓程、胡

[1] 中华人民共和国商务部. 对外投资合作国别（地区）指南 [EB/OL]. [2021-02-19]. http://www.mofcom.gov.cn/dl/gbdqzn/upload/mosangbike.pdf.

毅，北京外国语大学本科生丁凯欣等人通读了稿件，对书稿提出了修改意见。此外，我们在撰写过程中还参阅了中国教育部、外交部、商务部和莫桑比克教育部等政府部门的公开信息，在此，我们一并致谢。

尽管我们自身学术水平有限，但依然希望本书能为对莫桑比克感兴趣的读者提供参考；能以有限的力量推动中国学术界非洲研究的发展；能为深化中莫合作，推进“一带一路”建设提供帮助。

最后，本书不可避免地存在纰漏和不足，望广大读者、学者不吝赐教。

朱睿智　杨傲然

2021 年 4 月于北京

目　录

第一章 国情概览

莫桑比克全称莫桑比克共和国（República de Moçambique），于1975年6月25日正式宣告独立。为纪念反殖民主义斗争的胜利，6月25日被定为莫桑比克国庆日。反殖民主义的革命精神扎根于莫桑比克人民的心中。正如莫桑比克国歌《亲爱的祖国》所歌唱的那样："万岁，万岁，弗累里莫[1]，领导莫桑比克人拿起武器，拿起武器，推翻殖民主义，坚决推翻殖民主义。全体人民团结一心，从鲁伍马到马普托齐奋起，齐向帝国主义开火，再接再厉，到最后胜利。"

独立后，莫桑比克国内局势持续动荡，直到1992年10月莫桑比克内战结束，国家才逐步走向和平与稳定。尽管坐拥得天独厚的资源优势，但莫桑比克至今仍然是一个发展较为落后的国家。本章将从自然地理、国家制度、社会生活三个方面带领读者一览莫桑比克的基本国情。

[1] 指莫桑比克独立后的执政党——莫桑比克解放阵线党。

第一节 自然地理

一、地理位置

莫桑比克地处非洲东南岸，北接坦桑尼亚，南邻南非共和国及斯威士兰，西临马拉维、赞比亚和津巴布韦，东濒印度洋，隔莫桑比克海峡与印度洋岛国马达加斯加相望，是非洲东南部内陆国家的重要出海口和区域性交通走廊，也是“21 世纪海上丝绸之路”在非洲的自然延伸。南回归线穿过莫桑比克南部。首都马普托市属于东二时区，当地时间比北京时间晚 6 小时。

二、地形地貌

莫桑比克国土总面积约为 79.94 万平方千米，海岸线长约 2 630 千米。高原、山地约占国土总面积的五分之三，其余地区以平原为主。河流、湖泊众多，赞比西河、鲁伍马河、卢里奥河、林波波河为莫桑比克境内四条主要的河流，其中，赞比西河从莫桑比克中部斜贯入海，与鲁伍马河共为境内最大的两条河流。尼亚萨湖（马拉维称马拉维湖）是莫桑比克与马拉维之间的界湖。

以赞比西河为界，莫桑比克被分为南北两部分。北部内陆主要为高原、丘陵，海拔一般在 500—1 500 米，其中海拔 2 436 米的宾加山是莫桑比克最高峰。赞比西河以南的内陆地区则以平原为主，平原被河谷切割，平均海拔约 100 米，平原最宽阔处约 300 千米。[1] 北部沿海的平原较窄，拥有众多

[1] 中华人民共和国商务部．对外投资合作国别（地区）指南 [EB/OL]. [2021-02-19]. http://www.mofcom.gov.cn/dl/gbdqzn/upload/mosangbike.pdf.

优良海港；南部滨海的平原则多沼泽、沙洲和红树林。

从整体地势上看，莫桑比克呈现出自西北向东南倾斜的特点，海拔由内陆向沿海递减。地势从西北至东南大致分为三级阶梯：平均海拔为 500—1 000 米的西北部高原山地、平均海拔为 200—500 米的中部台地和平均海拔约为 100 米的东南沿海平原。[1]

三、气候

莫桑比克北部属热带，南部属亚热带，南回归线穿过莫桑比克南部地区。莫桑比克气候类型主要为热带草原气候。受纬度、印度洋季风及莫桑比克暖流的影响，全年高温，全国平均气温约为 19.4 摄氏度。一年分为明显的旱雨两季。其中，旱季又称凉干季，持续时间较短，一般为五至九月。在旱季，南部平均气温 18.3 摄氏度，北部平均气温 20.0 摄氏度。雨季又称暖湿季，持续时间较长，一般为十月到次年四月。在雨季，南部平均气温 26.7 摄氏度，北部平均气温 29.4 摄氏度。[2]

莫桑比克雨水充沛，年平均降水量可达 500—1 000 毫米。赞比西河下游沿岸雨量最为丰富，年降水量可达到 1 000—1 500 毫米。莫桑比克东南部的大片平原地势平坦，海拔较低，加之该区域河道上缺少水利设施，因而降水量较多时，此地区易发生洪涝灾害，而降水量较少时则易发生旱灾。此外，受亚热带及热带季风影响，该地区在雨季时易遭受飓风及暴风雨等自然灾害。

---

[1] 中华人民共和国商务部．对外投资合作国别（地区）指南 [EB/OL]. [2021-02-19]. http://www.mofcom.gov.cn/dl/gbdqzn/upload/mosangbike.pdf.

[2] 中华人民共和国商务部．对外投资合作国别（地区）指南 [EB/OL]. [2021-02-19]. http://www.mofcom.gov.cn/dl/gbdqzn/upload/mosangbike.pdf.

四、地理区

根据地形、气候等因素，莫桑比克可分为三个不同的地理区：北部高原、沿海平原和内陆谷地。

北部高原包括南纬 17 度以北的区域，该地区海拔自西向东逐渐降低。该区域内的杰西山区和奈莫利山区为地势最高处。该地区年降水量可达到 1 000 毫米以上，降水量地区分布不均。在奈莫利山区，年降水量可达 1 500 毫米，但在海拔较低的谷地，年降水量仅约 900 毫米。尽管降水不均，但该地区仍然为莫桑比克重要的农业区之一。由于人口密度不大，当地居民多采用游耕的耕作方式，因此存在部分土地休耕的情况。该地区主要粮食作物为木薯及稻米，主要经济作物为棉花及茶叶。

南纬 17 度以南属于沿海平原，该地区的北部年降水量多，一般可达到 1 000 毫米左右。南回归线附近的地区年降水量最少，仅为 300—400 毫米。该地区的粮食作物以玉米及稻米为主，经济作物以甘蔗为主。因为稻米及甘蔗的种植对灌溉水源要求较高，所以该地区积极施行大范围的灌溉计划，政府在林波波河河口以上 110 千米处的吉佳兴建水库，该工程于 1952 年完成。此外，该地区还拟修筑水库以利用英可麦提河的河水进行灌溉。赞比西河在入海处分成七条支流，注入莫桑比克海峡，入海口处形成了一片广约 6 500 平方千米的三角洲。每年四月，来自中上游的洪水混合春潮，将整个三角洲淹没五六日之久，因而洲上房屋均为高架屋。每年此时，洲上居民将牲畜家禽均搬至高架屋中，以躲避泛滥的洪水。

塞纳镇坐落在赞比西河东岸。塞纳镇以西为赞比西河的内陆谷地，简称赞比西河谷。该处河道大致为东西走向，河谷年降水量约为 600—700 毫米。河谷两岸常年有洪水泛滥的情况，且多嗤嗤蝇骚扰，所以沿岸居民不多。但河谷北侧的安古尼亚高原降水充沛，可达 1 000 毫米，且无嗤嗤蝇的困扰，为班图人的主要放牧区。赞比西河以南的曼尼卡台地为津巴布韦高地的一部分，该地区和莫桑比克低地之间有大陡崖，陡崖落差达 2 400 米，该地气候湿凉，多种植玉米及烟草。

五、自然资源

尽管莫桑比克被联合国划定为重债穷国，是世界上最贫困的国家之一，但其自然资源丰富。在能源方面，莫桑比克天然气已探明储量达 5.5 万亿立方米，主要分布在北部鲁伍马盆地和中部莫桑比克盆地。国际上普遍预测莫桑比克将成为世界第四大或第五大天然气生产国。莫桑比克北部沿海地区还拥有较丰富的石油资源，吸引了大量的外国投资。众多国际公司在莫桑比克中部太特省勘探开发煤炭，在北部鲁伍马盆地及其近海区域勘探开发石油和天然气。

莫桑比克的矿产资源十分丰富，钛、钽、铋、铁、铜、铝矾土、金、煤炭、云母、石墨、重砂、石灰石、石棉等储量丰富。其中，钛储量 600 多万吨，居世界第八，钽矿储量约 750 万吨，居世界之首，煤炭储量超过 300 亿吨，近几年发现的石墨矿和重砂矿也具有世界级规模。[1] 而且，莫桑比克大部分矿产资源还处于未开发状态，因而具有良好的经济开发潜力。

在水利资源方面，莫桑比克境内有大小河流 25 条，坐落在赞比西河上的卡奥拉·巴萨水电站装机容量为 207.5 万千瓦，该水电站建成时是非洲最大的水电站，目前仍是南部非洲最大的水电站。[2] 由于海岸线狭长，内陆河流、湖泊众多，莫桑比克拥有丰富的渔业资源。莫桑比克盛产各种鱼、虾、

[1] 中华人民共和国商务部．对外投资合作国别（地区）指南 [EB/OL]. [2021-02-19]. http://www.mofcom.gov.cn/dl/gbdqzn/upload/mosangbike.pdf.

[2] 中华人民共和国商务部．对外投资合作国别（地区）指南 [EB/OL]. [2021-02-19]. http://www.mofcom.gov.cn/dl/gbdqzn/upload/mosangbike.pdf.

贝类，全年渔获量 43 751 吨，基本可以自给自足，并有少数可供外销。[1] 但是莫桑比克渔民捕鱼设备简陋，机械渔船不多，远洋渔业不发达，其捕鱼作业仅限于沿海一带和内陆河流。

在农业资源方面，莫桑比克境内多平原，可耕地面积约 36 万平方千米。大部分地区土地肥沃，气候适宜，适合种植多种农作物。莫桑比克主要农产品有甘蔗、棉花、麻、椰子、玉米、腰果、小麦、花生、马铃薯、木薯、豆类、甜高粱、棕榈果、咖啡豆、烟草、茶叶、香蕉、柑橘等。其中，主要出口产品有腰果、棉花、糖和剑麻。莫桑比克超过 70% 的人口从事农业生产，但境内大部分土地没有得到开发，实际耕种率不到 20%，加之农耕技术十分落后，莫桑比克每年的粮食缺口依然很大。

在林业资源方面，莫桑比克全国有约 40 万平方千米的天然森林，森林覆盖率超过 50%。[2] 北部森林盛产黑檀、红木、香木等木材。莫桑比克的戈龙戈萨国家公园是世界著名的野生动植物园，位于莫桑比克中部的东非大裂谷南侧，占地面积超过 4 000 平方千米，植被丰富且拥有大量野生动物，仅已发现的禽类就超过 400 种。

第二节 国家制度

一、国旗、国徽与国歌

莫桑比克国旗呈长方形，长宽比为 3 : 2。靠旗杆一侧为红色等腰三角形图案，图案中有一颗黄色五角星、一本打开的书和一组交叉状的步枪和

[1] 资料来源于联合国农业及粮食组织官网。

[2] 资料来源于联合国数据库官网。

锄头。红色象征争取民族解放的武装斗争，黄色五角星象征国际主义精神，书本象征文化教育，步枪和锄头象征武装部队和广大劳动者的团结及共同保卫、建设祖国的愿望。旗面右侧为绿、黑、黄三色的平行宽条，黑色宽条上下各有一白色细条。绿色象征农业和财富，黑色象征非洲大陆，黄色象征地下资源，白色细条象征人民斗争的正义性及所要建立的和平事业。

莫桑比克国徽为圆形，金色背景寓意着旭日初升的共和国，它壮丽辉煌的前途将获得世界其他民族的瞩目。蓝色的波纹象征着莫桑比克海峡。国徽上还绘有与国旗中寓意相同的五角星、书本、步枪和锄头。国徽边缘弧形的齿轮代表国家工业，环绕齿轮的甘蔗和玉米代表莫桑比克主要的农产品。国徽底部的红色丝带上写有国名全称：莫桑比克共和国。

在 2002 年以前，莫桑比克的国歌为《万岁，莫桑比克解放阵线》。自 2002 年起，莫桑比克的国歌为《亲爱的祖国》。现行国歌歌词由萨洛蒙・马尼萨创作，作曲者佚名。莫桑比克国歌歌颂了莫桑比克人民的反殖民主义精神，表达了莫桑比克人民对祖国的热爱，对自由、和平的珍惜，以及对美好未来的向往，弘扬了莫桑比克民族的团结奋斗精神，具有强烈的爱国主义色彩。

二、行政区划

莫桑比克全国行政区域划分为省、市、区三级，并在地理上分为北部、中部和南部。莫桑比克现有 10 个省，分别为德尔加杜角省、尼亚萨省、太特省、楠普拉省、赞比西亚省、索法拉省、马尼卡省、伊尼扬巴内省、加扎省、马普托省和一个直辖市——马普托市。全国共 53 个市（含直辖市马普托市）和 154 个区。莫桑比克的城市建设起步较晚，53 个市中有 20 个为 2008 年后建成。主要的经济中心城市是马普托市、马托拉、贝拉、楠普拉市等。表 1.1 为各省（直辖市）名称及所在地理位置。

表 1.1 莫桑比克各省（直辖市）名称及所在地理位置

省名（直辖市名）	首府名称	地理位置
尼亚萨省	利欣加	北部
德尔加杜角省	彭巴	北部
楠普拉省	楠普拉市	北部
赞比西亚省	克利马内	中部
太特省	太特市	中部
马尼卡省	希莫尤	中部
索法拉省	贝拉	中部
伊尼扬巴内省	伊尼扬巴内市	南部
加扎省	赛赛	南部
马普托省	马托拉	南部
马普托市（首都）	—	南部

三、政治制度

1992 年恢复和平以来，政府积极维护民族团结，内政和外交较为稳妥务实。在 1994 年、1999 年、2004 年、2009 年、2014 年、2019 年的 6 次多党议会和总统选举中，解放阵线党均获胜。

2013 年 5 月，全国抵抗运动党与政府军爆发小规模冲突。2019 年 8 月，政府和全国抵抗运动党签署和平协议，宣布正式停止军事敌对行动。目前莫桑比克政治形势基本稳定。

（一）宪法与司法

莫桑比克首部宪法于 1975 年 7 月生效，现行宪法于 2004 年 12 月生效。根据现行宪法规定，莫桑比克实行多党制、党政分离和司法独立；总统为国家元首和政府首脑，总统和议员均由全民直接选举产生，任期 5 年，可连任一届。在司法方面，莫桑比克设有最高法院，省、市、区级法院及共和国检察院。

（二）政府

莫桑比克总理和部长均由总统委任。总理受总统的委托召集并主持部长会议，但涉及重大决策的会议必须由总统亲自主持。部长会议是国家最高执行机关，向莫桑比克共和国议会负责。主要国家部委有外交与合作部，经济和财政部，国防部，内政部，农业和农村发展部，劳动和社会保障部，海洋、内水和渔业部，矿产资源和能源部，司法、宪法和宗教事务部，卫生部，教育和人力发展部[1]，工业和贸易部，交通和通信部，土地和环境部，科技、高等教育和职业教育部，公共工程和水利部，文化和旅游部，国家管理和公职人员部，妇女和社会行动部，战士事务部等。

（三）议会

1977 年莫桑比克召开首届人民议会。1990 年人民议会更名为共和国议会。莫桑比克共和国议会是国家最高立法机构。议会为一院制，不设两院。设全会、常务委员会、工作委员会[2]。莫桑比克现行宪法规定，立法、司法

[1] 本书简称教育部。

[2] 也称专门委员会。

和行政三权分立、互相制约。因此，莫桑比克共和国议会与司法机构是平级关系，但议会有权批准总统对最高法院院长等人员的任免。总统、部长会议、议会各委员会或议员个人均有权提出法案。根据议会法规定，议员数量最少 200 人，最多 250 人，任期 5 年。11 个省级行政区（含直辖市）各自作为选区，根据本选区人口数量分配议席。

议会每年召开两次全会，时间一般为 3—6 月和 10—12 月。在半数以上议员出席议会的情况下，才能进行审议。当一半以上的实际出席议员投赞成票时，决议生效。此外，在议长、常委会或超过三分之一以上的议员要求下，可召开特别会议。

（四）党派

自 1990 年起，莫桑比克改行多党制。1991 年政党法正式生效。政党法规定，各党派必须遵循维护国家统一、发扬爱国主义精神和巩固莫桑比克民主的三项原则，各政党不得以地区、部落、宗教为限制；必须有利于国家的和平与稳定，不得通过暴力改变国家的政治与社会秩序；不得搞分裂主义；每省至少有 100 名党员方能登记，其总部必须设在省会城市。目前，全国有 20 多个合法政党。

（五）工会及其他非政府组织

莫桑比克工会组织和非政府组织分布在不同行业，代表不同行业工人或其他群体的利益。主要工会和非政府组织有莫桑比克国家农民联合会、莫桑比克工人联合会、莫桑比克红十字会、社区发展基金会、莫桑比克企业协会、莫桑比克工商业联合会、环境正义组织、葡萄牙人商会组织等。莫桑比克政府于每年第一季度召开听证会，在听取工会代表、企业家代表意见后，制定当年全国最低工资标准。

四、对外政策

在对外政策方面，莫桑比克奉行“广交友、不树敌”的独立、不结盟外交政策，主张在相互尊重主权和领土完整、平等、互不干涉内政和互利的基础上与其他国家发展友好合作关系。莫桑比克强调外交工作的宗旨是为国家发展和安全服务，主张通过谈判解决国家之间的争端；支持在非洲联盟内部建立预防和解决冲突的机制；主张南南合作，要求建立国际政治、经济新秩序。莫桑比克重视经济外交，重视发展睦邻友好的地区经济合作。目前，莫桑比克同 119 个国家建立了外交关系，是联合国、南部非洲发展共同体、不结盟运动、英联邦、伊斯兰会议组织、环印度洋地区合作联盟、葡语国家共同体和非洲联盟成员。

（一）同中国的关系

自 1975 年 6 月 25 日建立外交关系以来，中国和莫桑比克两国关系不断发展，合作领域不断扩大。中华人民共和国外交部资料显示，2015 年中非合作论坛约翰内斯堡峰会以后，两国关系进入新的快速发展期，双边各层级交往密切。2016 年 5 月，莫桑比克总统纽西访华。访华期间，两国领导人宣布建立全面战略合作伙伴关系。中莫双方还在中非合作论坛以及中国和葡语国家经贸合作论坛等多边合作框架下开展合作。[1] 对于“一带一路”合作倡议，莫桑比克政府积极响应，表示“21 世纪海上丝绸之路”倡议与

[1] 中华人民共和国外交部．中国同莫桑比克的关系 [EB/OL]. [2020-10-30]. https://www.fmprc.gov.cn/web/gjhdq_676201/gj_676203/fz_677316/1206_678236/sbgx_678240/.

莫桑比克本国发展战略和政策相协同，相对接。

在不断深化的双边、多边关系的加持下，两国合作领域变得丰富。在经贸、农业、卫生、文化、教育等领域的合作卓有成效。

在经贸合作方面，双方在贸易协定和投资保护协定的框架下进行合作。中莫传统友谊稳固，政治高度互信，发展理念相通，互补性极强，目前两国经贸关系正处于历史上最紧密的时期。与中莫贸易相关的具体信息将在后文介绍。在农业合作方面，双方在农业技术方面开展了多个合作项目，中方为莫方援建了农业技术示范中心。在医疗卫生合作方面，自 1976 年以来，中方向莫方先后派遣了 22 批医疗队，共 335 人次。目前中国在莫桑比克的医疗队员共计 12 人，其中主任医师 1 名，副主任医师 2 名，涵盖外科、骨科、麻醉、中医针灸等科室，工作地点在马普托市中心医院。[1] 新冠肺炎疫情暴发后，纽西总统向习近平主席致慰问信，中方则向莫方提供了多批防疫物资援助。关于文化、教育合作的具体情况将在本书最后一章介绍。

（二）同欧洲国家的关系

莫桑比克重视发展同欧洲国家的关系。近年来，欧盟是莫桑比克第三大贸易伙伴。自 2018 年起，欧盟对包括莫桑比克在内的南部非洲发展共同体成员 90% 的商品予以关税减免待遇。新冠肺炎疫情暴发后，欧洲国家也施以援手。根据中华人民共和国商务部资料显示，莫桑比克收到德国、英国、瑞典、葡萄牙等国际合作伙伴 3.408 亿美元（2.89 亿欧元）的援助，约占 2020 年 3 月莫桑比克政府提出的 7 亿美元（5.94 亿欧元）援助资金计划的一半。[2]

---

[1] 中华人民共和国商务部．对外投资合作国别（地区）指南 [EB/OL]. [2021-02-19]. http://www.mofcom.gov.cn/dl/gbdqzn/upload/mosangbike.pdf.

[2] 中华人民共和国商务部．对外投资合作国别（地区）指南 [EB/OL]. [2021-02-19]. http://www.mofcom.gov.cn/dl/gbdqzn/upload/mosangbike.pdf.

在欧洲国家中，葡萄牙作为莫桑比克的原宗主国，对莫桑比克的经济、语言、宗教等多个方面都产生了深远的影响。独立后，莫桑比克与葡萄牙之间仍保持着密切的经济、政治往来。在经济方面，葡萄牙目前是莫桑比克主要的贸易伙伴和投资来源国。在政治方面，两国高层交往频繁。2019年3月，葡萄牙外交与合作国务秘书里贝罗访问莫桑比克。7月，纽西总统对葡萄牙进行国事访问。2020年1月，葡萄牙总统德索萨赴莫桑比克出席纽西总统连任就职仪式。

（三）同美国的关系

莫桑比克独立不久即同美国建交，但两国关系未得到进一步发展。1982年后，两国关系得到改善，美国先后取消了对莫桑比克援助的相关禁令。2004年，美国宣布莫桑比克成为第一批有资格从“千年挑战账户”计划中申请资金援助的16个国家之一。目前，莫桑比克为撒哈拉以南非洲国家中接受美国援助较多的受助国，是美国《非洲增长与机遇法案》的受惠国。中华人民共和国外交部资料显示，2017年6月，纽西总统对美国进行工作访问并出席第11届美非商务峰会及美非议会论坛。2019年6月，美非商务峰会在马普托市举行，美国商务部副部长凯伦·凯利赴莫桑比克出席。[1]

（四）同非洲及周边国家的关系

莫桑比克积极发展同非洲国家特别是周边的南部非洲国家的关系，实行睦邻政策，积极参与地区政治、经济事务，主张加快地区经济一体化进程、和平解决地区冲突，赞同创建非洲常备部队，对冲突国家和地区进行

[1] 中华人民共和国外交部．莫桑比克国家概况 [EB/OL]. [2021-02-19]. https://www.fmprc.gov.cn/web/gjhdq_676201/gj_676203/fz_677316/1206_678236/1206x0_678238.

主动干预。[1]

在双边关系方面，博茨瓦纳、南非、斯威士兰等国均与莫桑比克签署了互免签证协议，便利人员往来。其中，南非是莫桑比克主要贸易伙伴和第一大投资国。

在多边关系方面，莫桑比克是南部非洲发展共同体、东南非共同市场等地区组织的成员。2015—2016 年，莫桑比克担任南部非洲发展共同体政治、防务和安全机构的轮值主席国。2015 年 6 月，纽西总统出席在南非举行的非洲联盟第 25 届首脑会议。

第三节 社会生活

一、节假日

莫桑比克于 1975 年 6 月 25 日正式宣布独立，每年的 6 月 25 日便是莫桑比克独立日，即国庆节。除此之外，莫桑比克还有 8 个法定节假日，分别是：1 月 1 日，元旦；2 月 3 日，莫桑比克英雄日；4 月 7 日，莫桑比克妇女节；5 月 1 日，国际劳动节；9 月 7 日，胜利日；9 月 25 日，军队日；10 月 4 日，和平日；12 月 25 日，圣诞节。每周一至周五为莫桑比克的工作日，私营企业和商家的营业时间相对较长；每周六、周日为休息日，一些大型商场和超市在周六、周日照常营业。

[1] 中华人民共和国外交部．莫桑比克国家概况 [EB/OL]. [2021-02-19]. https://www.fmprc.gov.cn/web/gjhdq_676201/gj_676203/fz_677316/1206_678236/1206x0_678238.

二、语言与人口

在语言文字方面，葡萄牙语是莫桑比克唯一的官方语言，也是全国使用人数最多的语言。约有 12.78% 的人以葡萄牙语为第一语言，39.7% 的人将葡萄牙语视为第二语言。由于葡萄牙语是莫桑比克中小学的主要教学语言，因此，随着近年来义务教育的普及，葡萄牙语的使用人口还在进一步增加。但目前葡萄牙语的使用范围多局限于大城市。在马普托、贝拉等主要城市，英语作为国际商贸语言也被一定程度地使用，但并不普遍。

除葡萄牙语外，各大民族也使用本民族语言，这些语言绝大部分属于班图语支，其中 41 种在《莫桑比克共和国宪法》中被定义为“民族语言”，如马库阿语、聪加语、塞纳语、隆韦语、楚瓦仆语、尼昂加语。马库阿语是莫桑比克国内使用人数最多的民族语言。聪加语为居住在莫桑比克、南非、津巴布韦和斯威士兰的聪加人所使用。尼昂加语除在莫桑比克被使用外，还在赞比亚、津巴布韦、马拉维等国家被使用。

在人口方面，莫桑比克是一个以黑人为主体的多民族国家，黑人约占总人口的 99%，其余为混血人种（以葡萄牙人后裔为主）、白人、印第安人及其他种族。全国约有 60 多个民族，其中，人口最多的民族为马库阿族，约占全国人口总数的四分之一，集中在莫桑比克的北部。其他主要民族有集中在赞比西河谷的塞纳族和绍纳族，普遍分布在莫桑比克南部的聪加族。其余民族还包括马孔德族、尧族、汤加族、确皮族、恩古尼族等。1975 年莫桑比克独立时，约有 36 万葡萄牙人后裔居住在莫桑比克，但独立后人数逐渐减少。56% 的居民信奉基督教，18% 的居民信奉伊斯兰教，7% 的居民信仰原始宗教，19% 的居民无宗教信仰。[1]

近年来，莫桑比克人口增长速度有所减缓，但其人口增长率依然处于

[1] 宋灏岩，钟点．葡语国家与地区概况 [M]．北京：中国农业出版社，2020：137.

非洲国家前列。人口年增长率为 2.7%，超过非洲人口年增长率的平均水平，约为世界人口平均增长率的 2.3 倍。[1]

从人口结构上看，根据莫桑比克国家统计局数据，2020 年莫桑比克总人口为 3 007 万人，男性为 1 450 万人，女性为 1 557 万人。15 岁以下人口占全国总人口的比例最高，约为 45%，但预计到 2035 年，15 岁以下人口的比例将会降至 38%。城市居民占比 34.03%，农村居民占比 65.97%。马普托市作为莫桑比克首都，是全国的政治、经济、文化中心和交通枢纽，人口约 132 万人，是非洲最繁忙的港口之一。[2]

根据中华人民共和国商务部资料显示，长期在莫桑比克生活的华人数量约为 3 000 人。加上到莫桑比克旅游、经商和短期务工的华人，莫桑比克华人总共约有 3 万人，集中分布在马普托市、马托拉市、贝拉市等经济发达城市。华人在当地主要从事投资、贸易等活动，经济和社会地位较高。[3]

三、经济

莫桑比克现行货币是梅蒂卡尔（Metical），币值有 1、2、5、10、20、50、100、500、1 000 梅蒂卡尔。梅蒂卡尔可与美元、欧元、英镑、南非兰特等其他货币自由兑换。

2013—2014 年，梅蒂卡尔汇率比较平稳，梅蒂卡尔兑美元汇率保持在 30：1 上下。自 2015 年年初开始，梅蒂卡尔迅速贬值，至 2016 年下半年，梅蒂卡尔兑美元汇率最高达到 80：1，此后逐步回落至 60：1。2020 年

[1] 资料来源于世界银行官网。

[2] 资料来源于莫桑比克国家统计局官网。

[3] 中华人民共和国商务部. 对外投资合作国别（地区）指南 [EB/OL]. [2021-02-19]. http://www.mofcom.gov.cn/dl/gbdqzn/upload/mosangbike.pdf.

12 月 31 日，1 美元约合 74.2 梅蒂卡尔；1 元人民币约合 11.4 梅蒂卡尔。[1] 人民币与莫桑比克当地货币不可直接结算。

莫桑比克经济以农渔业为主，工业处于起步阶段。独立后因受内战、自然灾害等因素的影响，经济长期困难。1992 年内战结束后，莫桑比克实现了长期的和平稳定。莫桑比克政府高举和平发展旗帜，制定脱贫减困战略，大力调整经济结构，加大对农业和农村的投入，加快基础设施建设，倡导增收节支，努力改善投资环境，引进外资，积极扩大对外合作。在此情况下，莫桑比克社会平稳发展，经济恢复性增长较快，国内生产总值年均增长率一度接近 10%，莫桑比克成为同时期发展最快的非洲国家之一。[2]

国际货币基金组织预测，在煤炭、天然气等资源的强力支撑下，莫桑比克国内生产总值增长率在 2024 年以后可能达到 11.5%。然而，众多不可抗因素对莫桑比克经济产生了较大影响。例如，2019 年热带气旋“伊代”“肯尼斯”引发灾害，对莫桑比克经济造成负面影响。2020 年以来，受新冠肺炎疫情影响，莫桑比克主要出口产品煤、铝价格一度暴跌，北部海上天然气开发进程放缓，国内生产总值缩减 2.4%。[3]

（一）宏观政策

从宏观经济政策方面看，莫桑比克政府力图通过加大基础设施投入，大力发展旅游业，改善投资环境，鼓励开发能源、矿产、农林渔业等资源刺激经济增长。2015 年 3 月，莫桑比克政府制定了五年发展计划。该计划致力于加快经济现代化建设，提高出口以实现工业化，以及提高农业等各生产领域的产量和生产力。莫桑比克政府鼓励出口产品的多样化和开拓新

[1] 资料来源于世界银行官网。

[2] 资料来源于国际货币基金组织官网。

[3] 资料来源于国际货币基金组织官网。

市场，鼓励小微和中型出口企业发展以促进就业和提高莫桑比克商品在国际市场上的竞争力。

2015年12月，莫桑比克政府批准《2015—2024年旅游发展战略计划》，旨在开发本国旅游业潜力并提供优质的旅游服务。该战略计划实施后，可以使旅游业成为莫桑比克经济快速增长及创造就业的重要动力。该计划提出，通过改善服务质量、加强员工培训、鼓励当地酒店业发展、提供多样化的旅游方式与产品，从而吸引更多的游客。此外，政府还制定了一系列关于旅行社和导游行为活动的监管规定，以规范旅游业的准入和经营活动。

事实证明，莫桑比克政府制定的宏观经济政策起到了积极的效果。例如，截至2014年，尽管国际金融危机一度对莫桑比克出口及吸引外资等方面产生了较大负面影响，但莫桑比克政府通过加大基础设施投入、大力发展旅游业、改善投资环境、鼓励开发农渔业资源等方式，使经济保持平稳增长，国内生产总值年平均增长率达到了7%以上。[1]

但到2015年，受国际大宗商品价格走低、本国天然气开发进度放缓、自然灾害、能源短缺以及紧缩的货币政策等因素的影响，莫桑比克主要经济指标持续恶化，债务问题凸显。为应对经济下行压力，莫桑比克政府通过增税减支、进一步吸引外资、加快推进工业化等措施，稳定本国经济状况。随着2016年外部压力的减小，以及2017年莫桑比克北部鲁伍马盆地海上天然气4区块项目和1区块项目的正式启动，莫桑比克经济开始出现好转的势头。

莫桑比克独立后，国际组织和金融机构多次召开援助莫桑比克的捐赠国会议，成立了由19个国家以及国际和地区组织组成的G19援助集团，通过无偿援助、信用贷款及减免债务等方式向莫桑比克提供经济援助。双边援助主要由德国、葡萄牙、意大利、瑞典、美国、英国、爱尔兰、日本等国提供。多边援助主要来自欧盟、联合国开发计划署、联合国粮食署、联

[1] 资料来源于世界银行官网。

合国难民署、世界银行等。由于援助方对莫桑比克的公共资金管理、财政透明化及打击腐败等问题存在质疑，2015 年，德国、荷兰、比利时、挪威、丹麦 5 国退出 G19 集团，G19 集团更名为 G14 集团。如今，国际上主要对莫桑比克提供援助的是 G14 集团。

世界银行数据显示，G14 集团对莫桑比克国家预算援助金额从 2013 年的 4.75 亿美元减少至 2014 年的 3.89 亿美元，2015 年进一步减少至 2.97 亿美元。2015 年 6 月，G14 集团宣布对莫桑比克 2016 年国家预算及其他项目提供 4.67 亿美元资金支持。2016 年 4 月，美国、英国、G14 集团、国际货币基金组织等多个西方援助国和国际组织暂停对莫桑比克国家财政提供直接经济援助，涉及金额近 5 亿美元，但尚未停止对莫桑比克农业、教育、医疗卫生等领域的援助。[1]

除 G14 集团外，莫桑比克还接受来自中国、印度、日本、越南和巴西等国家提供的多种形式援助。中莫两国建交 40 多年来，中国向莫桑比克提供了项目、技术、物资等援助，主要涉及教育、医疗卫生、农业和公共基础设施等领域。2018 年，中国政府援助莫桑比克马普托市医生宿舍楼等成套项目、粮援等物资项目均完成移交。赛赛机场、500 个村落“村村通”卫星电视、100 辆公交车、中莫文化中心、爱德华多·蒙德拉内大学孔子学院和传媒学院项目、打井项目和索法拉职业技术学校项目等援建工作均取得较大进展。

莫桑比克政府明确提出，未来国家发展将逐步降低对外援的依赖，更多依靠自身经济发展。

（二）产业结构

从产业结构上看，莫桑比克的主要产业为农业，其工业尚处于起步阶

[1] 资料来源于世界银行官网。

段，工业基础比较薄弱。就 2017 年实现产值情况而言，第一产业、第二产业和第三产业占总产值的比例分别为 32.5%、56.2% 和 11.3%。[1]

莫桑比克是农业国，根据世界银行数据显示，农业产值占其国内生产总值的 25%，占其出口的 15%。莫桑比克 70% 的人口从事农业生产和加工活动，农村人口占总人口的 66.6%，全国共有 400 万农户，其中 99% 从事家庭农业。全国可耕地面积 36 万平方千米，已开发 6 万平方千米，畜牧面积为 12 万平方千米。主要粮食作物有稻谷、大豆、木薯等，传统出口农产品有腰果、棉花、糖、剑麻等，莫桑比克农产品出口量约占其全部出口产品的 15%。2017—2018 年莫桑比克全国棉花种植 1 810 万平方千米，总产量 6.6 万吨。此外，莫桑比克渔业资源发展潜力巨大，潜在渔获量可达 200 万吨。[2]

莫桑比克的工业主要为加工工业，如铝加工和小规模的制糖、制茶、粮食及腰果加工、制烟、榨油、纺织、木材与水泥加工、炼油、车辆制造、电池及轮胎制造等。莫桑比克的工业主要集中在马普托市、贝拉和楠普拉市等大城市。自 2000 年以来，随着大型合资企业的建成与投产，工业产值占国内生产总值的比重大幅上升，约为 24%。

莫桑比克的煤炭、天然气、铁、钛、石墨等资源丰富，吸引了多家国际矿业公司到莫桑比克投资开发。目前主要开采和出口的矿产品是天然气和焦煤。2017 年，采矿业对莫桑比克外汇储备增长贡献率约为 32.4%。2011 年以来，莫桑比克北部鲁伍马盆地陆续发现天然气储量巨大的气田，吸引了意大利、美国、中国、葡萄牙、韩国、日本等国的企业到莫桑比克勘探与开发，部分气田开采项目已启动，预计 2022 年可投产。莫桑比克矿产资源和能源部部长表示，到 2030 年，莫桑比克天然气储量预计将达 180 万亿立方英尺（约 5.1 万亿立方米），是目前储量的两倍。[3]

---

[1] 资料来源于莫桑比克国家统计局官网。

[2] 资料来源于世界银行官网。

[3] 国际燃气网．莫桑比克天然气储量预期到 2030 年将翻番 [EB/OL]. [2021-02-19]. https://gas.in-en.com/html/gas-2706933.shtml.

（三）投资吸引力

由于莫桑比克自然资源丰富，地理位置优越，经济发展潜力巨大，对外国投资的吸引力一直处于较高水平。莫桑比克政府于 1984 年 8 月颁布《外国投资法》，1987 年 1 月颁布《私人投资法》，1993 年公布新法规简化投资审批手续，通过这一系列措施鼓励国内外企业在莫桑比克投资。

2017 年，莫桑比克政府成立了投资和出口促进局。莫桑比克投资和出口促进局为莫桑比克政府的职能部门，负责向国内外投资者提供咨询服务、介绍投资领域相关的优惠政策和措施、帮助办理开业手续等。莫桑比克对外国投资基本上没有行业和地区限制，对投资方式也基本无限制，但对外资雇佣外籍劳务人员比例有严格的限制，对环境保护标准要求也很高。

中华人民共和国商务部资料显示，自 2011 年以来，莫桑比克吸引外国投资量快速增长，投资额从每年的几亿美元增长到 2014 年最高的 70 亿美元，投资来源国数量从十几个增加到 2018 年的 70 多个。[1]

据联合国贸易和发展会议发布的《2019 年世界投资报告》显示，2018 年，莫桑比克吸收外资流量为 27.11 亿美元，吸收外资存量为 406.64 亿美元，吸引外商直接投资项目 150 余个，投资总额为 15.5 亿美元。其中，中国企业在莫桑比克新增投资 3.66 亿美元，在莫桑比克所有外资来源国家和地区新增量中位列第一，位列第二至第五位的分别是南非（3.2 亿美元）、毛里求斯（2.93 亿美元）、葡萄牙（1.36 亿美元）和埃塞俄比亚（1.19 亿美元）。2009—2018 年，莫桑比克政府共批准 2 000 余个外国直接投资项目，总金额达 300 亿美元，创造约 20 万个就业岗位。[2]

世界经济论坛《2019 年全球竞争力报告》显示，莫桑比克在全球最

[1] 中华人民共和国商务部．对外投资合作国别（地区）指南 [EB/OL]. [2021-02-19]. http://www.mofcom.gov.cn/dl/gbdqzn/upload/mosangbike.pdf.

[2] 资料来源于联合国贸易和发展会议官网。

具竞争力的141个国家和地区中，排第137位。[1] 世界银行《2019年营商环境报告》显示，在全球190个国家和地区中，莫桑比克的营商环境排名第135位。[2]

（四）人民生活

虽然近年来政府一直致力于改善人民生活水平，但是莫桑比克的人类发展指数依然处于世界较低水平。在2019年公布的人类发展指数中，莫桑比克在189个国家和地区中处于第181位。[3]

在就业方面，莫桑比克高素质劳动力匮乏，尤其缺少管理人才和高级技术工人。莫桑比克有较多的一般体力工人，但一般体力工人往往易出现劳动效率低下的问题。据世界银行统计，2015年1月至2016年3月，莫桑比克共创造就业岗位34.1万个。2016年，莫桑比克政府公布的全国失业率为21.6%，2018年为25.04%，但由于该国从事农业、手工业和临时性工作的人口均被归为就业数据而纳入统计，所以莫桑比克实际失业率在40%以上。[4]

在贫困问题方面，目前莫桑比克全国处于贫困线以下的人口比例仍超过50%，绝对贫困人口指数为54%。由于就业岗位的新增速度无法与劳动力人口的增长速度相匹配，因而就业岗位的增加并没有从根本上减少莫桑比克的贫困人口比例。在莫桑比克，贫困不具有区域性，而是全国各地都面临的一个普遍问题。据估计，68.7%的莫桑比克人每日收入不超过1.9美元，相当于撒哈拉以南非洲人均日收入平均水平的38.4%。[5] 这意味着政府在发展经济时主

[1] 资料来源于世界经济论坛官网。

[2] 中华人民共和国商务部．对外投资合作国别（地区）指南 [EB/OL]. [2021-02-19]. http://www.mofcom.gov.cn/dl/gbdqzn/upload/mosangbike.pdf.

[3] 资料来源于联合国开发计划署官网。

[4] 资料来源于世界银行官网。

[5] 资料来源于世界银行官网。

要关注两大重点：经济增长方式的改革以及收入分配方式的改革。

在生活开支方面，莫桑比克人均生活支出费用总额每天不足 1 美元，家庭主要生活开支是食品，莫桑比克的恩格尔系数（食品花费占个人消费总支出的比例）超过 40%。由于莫桑比克市场规模较小、市场容量有限，并且市场上 70% 的商品依靠进口，所以物价总体水平较高。[1]

除上述问题之外，莫桑比克还存在其他民生问题。例如，全国文盲率较高；随着近年来大量农村人口涌入城市，城市出现了饮用水短缺，工作、卫生环境下降的情况；2016 年，莫桑比克全国 140 万人粮食安全受到威胁，43% 的儿童营养不良。[2]

四、贸易

随着大型合资企业的建成和投产，近年来莫桑比克外贸出口额大幅增加，制造业已取代农业和渔业成为主要出口行业。莫桑比克的主要出口产品是铝锭、煤炭、电力、天然气、重砂、对虾、糖、棉花、烟叶、木材等。主要进口产品为机械设备、汽车、石油、粮食等。据莫桑比克国家统计局统计，2019 年莫桑比克进出口贸易总额为 115 亿美元，其中出口商品 47 亿美元，进口商品 68 亿美元。近年的进出口额见表 1.2。[3]

[1] 资料来源于世界银行官网。

[2] 中华人民共和国外交部．莫桑比克国家概况 [EB/OL]. [2021-02-19]. https://www.fmprc.gov.cn/web/gjhdq_676201/gj_676203/fz_677316/1206_678236/1206x0_678238.

[3] 资料来源于莫桑比克国家统计局官网。

表 1.2　2014—2019 年莫桑比克进出口额

单位：百万美元

年份	2014	2015	2016	2017	2018	2019
出口额	3 916	3 413	3 328	4 725	5 196	4 718
进口额	7 952	7 577	4 733	5 223	6 169	6 799
进出口总额	11 868	10 990	8 061	9 948	11 365	11 527[1]

（一）主要对外贸易关系

莫桑比克的主要贸易伙伴为印度、南非、欧盟、中国。如上文所述，莫桑比克独立后积极发展同非洲国家，特别是南部非洲国家的关系。莫桑比克作为南部非洲发展共同体的成员，积极参与地区政治、经济事务，主张加快步伐建立非洲经济共同体。葡萄牙原是莫桑比克的宗主国，两国政治、经济关系密切。目前，葡萄牙在外国对莫桑比克投资中位列第四。

莫桑比克地理区位优势明显，其港口可辐射马拉维、津巴布韦、赞比亚等内陆国家以及南非北部地区。特别是马拉维和津巴布韦两国经济受莫桑比克影响很大，其进口的生产生活资料大多经莫桑比克港口转入。

在多边贸易方面，1995 年 8 月 26 日，莫桑比克加入世界贸易组织。莫桑比克还是非洲联盟、伊斯兰会议组织，以及英联邦的成员。莫桑比克还是《南部非洲发展共同体商贸协约》《非洲增长与机遇法案》以及《科托努协议》的受益国。

2016 年，欧盟与南部非洲发展共同体的六个成员签订经济伙伴协定，允许这六个国家的产品零关税和零配额进入欧盟市场，同时在原产地规则的使用方面更加灵活，这一协定给这六国带来更多机会。新的经济伙伴协

[1] 此处为莫桑比克国家统计局原始数据。经验算，2019 年进出口总额不等于进口额加出口额，官网未对此进行说明。2019 年的三个数据中或有一处有误。

定取代了原先基于单边优惠的临时经济伙伴协定，更加符合世界贸易组织的规定。根据新的经济伙伴协定，莫桑比克将在十年内开放除农产品和渔产品外 74% 的市场。新经济伙伴协议在欧洲理事会和南部非洲发展共同体的六个成员各目的议会正式批准后生效。2019 年 8 月 20 日，莫桑比克政府宣布授权经济和财政部部长阿德里亚诺·马莱阿内签署该国加入非洲进出口银行的协议，这进一步促进了莫桑比克对外贸易的发展。

（二）中莫贸易关系

2014 年 11 月，中国开始对最不发达国家 97% 税目产品提供零关税待遇，莫桑比克作为世界最不发达国家之一享受这一待遇。在双边贸易方面，中方主要向莫方出口机电产品、矿物燃料、机械器具、车辆零件、钢材、服装鞋类等，主要从莫方进口木材、矿砂、农渔产品等初级产品。根据中华人民共和国商务部资料显示，2018 年，中国与莫桑比克进出口总额为 24.95 亿美元，同比增长 36%；中国向莫桑比克出口 18.62 亿美元，同比增长 42.5%；中国从莫桑比克进口 6.33 亿美元，同比增长 19.8%。2019 年，双边贸易额为 26.7 亿美元，同比增长 6.99%，其中，中方出口额 19.58 亿美元，同比增长 5.15%，进口额 7.12 亿美元，同比增长 12.41%。[1]

在承包工程方面，莫桑比克对工程建设、验收、免责的相关规定适用欧盟标准，不适用中国标准，但随着中国企业在莫桑比克实施工程项目数量的增长，中国标准也逐渐得到认可，一些项目的当地业主和国际监理公司在经过测试后同意使用中国标准。据中华人民共和国商务部统计，2018 年中国企业在莫桑比克新签承包工程合同 64 份，新签合同额 33.21 亿美元，完成营业额 8.04 亿美元，累计派出各类劳务人员 740 人，2018 年年末，在

[1] 中华人民共和国商务部．对外投资合作国别（地区）指南 [EB/OL]. [2021-02-19]. http://www.mofcom.gov.cn/dl/gbdqzn/upload/mosangbike.pdf.

莫桑比克的中国籍劳务人员合计 3 153 人。[1]

在经贸合作区建设方面，截至 2019 年 12 月，莫桑比克尚无已完工的由中国企业投资开发的经贸合作区或工业园区。一个位于贝拉市的经济特区由莫桑比克议会批准，由中国企业投资开发，占地面积约 10 平方千米，项目一期投资 2.6 亿美元，目前仍在建设中。中国商务部与莫桑比克工业和贸易部于 2016 年 5 月签订了关于在莫桑比克建设经贸合作区的谅解备忘录，有关工作正在积极推动中。2018 年有数家中资企业到莫桑比克实地考察。

在产能合作方面，2016 年 5 月，中国国家发展和改革委员会与莫桑比克经济和财政部在北京签订了关于开展产能合作的框架协议。双方约定根据各自国内的法律和政策，推动两国间企业和金融机构开展产能合作，具体工作内容包括确定产能合作重点领域、协商和推动产能合作重大项目、研究出台有关政策措施等。2019 年 4 月，在第二届"一带一路"国际合作高峰论坛召开期间，中国国家发展和改革委员会与莫桑比克经济和财政部更新了产能合作重点项目名单。

在双边经贸磋商机制方面，中国与莫桑比克于 2001 年签订投资保护协定，并成立了中国-莫桑比克经济、技术和贸易合作联合委员会（简称中莫经贸联委会）。2018 年 6 月，中国政府经贸代表团访问莫桑比克，在中莫经贸联委会第六次会议上，双方就中莫双边经贸合作有关议题深入交换意见并达成多项共识。截至目前，中国与莫桑比克尚未签订基础设施合作协议、自由贸易协定或货币互换协议。

[1] 中华人民共和国商务部. 对外投资合作国别（地区）指南 [EB/OL]. [2021-02-19]. http://www.mofcom.gov.cn/dl/gbdqzn/upload/mosangbike.pdf.

五、基础设施与医疗

（一）交通

莫桑比克的铁路和港口主要为本国和内陆邻国服务，国际货运曾是莫桑比克外汇主要来源之一。

在陆运方面，莫桑比克国家统计局数据显示，莫桑比克铁路总长 4 029 千米，但部分线路由于老旧或战火损毁已经停运，仍在运营的线路长度 3 372 千米。莫桑比克的铁路均为标准窄轨铁路，设施陈旧，运力较低，连接莫桑比克主要港口与津巴布韦、博茨瓦纳等南部非洲内陆国家，与南非、斯威士兰和津巴布韦等国家的铁路系统贯通。目前，莫桑比克正筹集资金购买新车辆、维护和改善铁路运输，以使本国铁路与纳卡拉港、贝拉港和马普托港连接，成为煤矿出口、油气出口及服务其他非洲内陆国家的工具。连接莫桑比克北部煤炭重镇莫阿蒂泽与纳卡拉港的纳卡拉铁路已于 2016 年 1 月开始运营。该铁路长 902 千米，经马拉维南部和莫桑比克尼亚萨省直达楠普拉省纳卡拉港，年均可运 1 800 万吨煤炭，有力地促进了莫桑比克煤炭资源出口。2017 年，莫桑比克铁路货运量达 2 200 万吨，同比增长 38%。[1] 津巴布韦和莫桑比克接壤城市马希潘达至中部港口城市贝拉的铁路也被列为中莫产能合作重点项目，目前该项目已授标给中资企业，进入融资阶段。

莫桑比克公路长度约 3.05 万千米，其中仅 7 344 千米铺设了沥青。一级公路 6 038 千米，二级公路 4 937 千米，三级公路和乡村公路 19 525 千米。中华人民共和国商务部资料显示，贯穿莫桑比克南北的 N1 公路（正在分段修复中）、东西方向连接首都马普托市与南非边境的 N4 公路，以及连接中

[1] 资料来源于莫桑比克国家统计局官网。

部城市贝拉与津巴布韦边境的 N6 公路是最主要的国际物流通道。正在兴建的非洲横贯公路网 9 号公路（TAH9）西起安哥拉的洛比托港，东至莫桑比克的贝拉港，途经刚果（金）、赞比亚和津巴布韦，其中，莫桑比克境内段已建设完毕。2017 年，莫桑比克道路交通业产值增长 32%，[1] 但除几条国道和主要城市的市政道路路况较好外，全国大部分公路路况较差。莫桑比克城市公共交通系统较为落后，主要城市目前没有地铁等轨道交通，公共汽车被称为“machimbombo”，另外还有一种小面包车，被称为“chapa”，两者均无固定运营线路。

在水运方面，莫桑比克内河航线 1 500 千米，海岸线约 2 600 千米，有马普托、贝拉和纳卡拉等 15 个港口。其中马普托是最大港口，也是非洲著名的现代化港口之一，马普托港口有 25 个泊位，最大水深 14.3 米，可停靠 12 万吨级船只，年吞吐能力为 500 万吨。港内有铁路通向南非、津巴布韦和斯威士兰。贝拉港为莫桑比克第二大港口，有 12 个泊位，水深 8—10 米，年吞吐能力为 500 万吨，可容纳 5 万吨级货轮，港内铁路通往津巴布韦和马拉维。纳卡拉港为莫桑比克第三大港口，有 6 个泊位，年吞吐能力 220 万吨，建有专门的煤码头并有铁路通往太特省煤炭产区。2017 年，莫桑比克港口吞吐量总计 4 400 万吨，同比增长 26%。[2]

在空运方面，莫桑比克拥有大小机场 20 余个，其中国际机场有 4 个。除首都附近的马普托省和加扎省外，其他省份均有机场，首都马普托国际机场距离市中心约 8 千米。中国援助加扎省的支线机场于 2018 年 10 月正式开工。在国内航线方面，首都与各省均有航线。在国际航线方面，主要有通往南非、安哥拉、葡萄牙、土耳其、卡塔尔、肯尼亚和埃塞俄比亚等国的航班，目前没有直达中国的航班。

---

[1] 中华人民共和国商务部．对外投资合作国别（地区）指南 [EB/OL]. [2021-02-19]. http://www.mofcom.gov.cn/dl/gbdqzn/upload/mosangbike.pdf.

[2] 中华人民共和国外交部．莫桑比克国家概况 [EB/OL]. [2021-02-19]. https://www.fmprc.gov.cn/web/gjhdq_676201/gj_676203/fz_677316/1206_678236/1206x0_678238.

（二）通信

莫桑比克本地邮政系统基础设施及服务落后，信件、包裹延误或丢失的情况时有发生。

莫桑比克电信公司经营全国的固定电话通信业务。2016 年，全国通信覆盖率接近 70%，主要城市已实现全覆盖。随着近年来各服务商对互联网设施投入的增加，互联网服务的稳定性和网速显著改善，但收费仍然较贵，4M 带宽的光纤每月收费 6 900 梅蒂卡尔。[1]

（三）电力

莫桑比克 90% 以上的电力依靠赞比西河上的卡奥拉·巴萨水电站（装机容量为 207.5 万千瓦）供应，其余电力供应依靠小型煤电和天然气发电。莫桑比克国家电力公司于 2018 年年初表示，拟在未来几年投资 51.5 亿美元，确保莫桑比克维持南部非洲发电供电中心的地位。莫桑比克是撒哈拉以南非洲国家中发电潜力最大的国家，预计最高发电量可达 187 吉瓦左右，但由于南部非洲的经济增长放缓，莫桑比克目前尚未利用的发电产能达 7 000 兆瓦。莫桑比克国家电力供应的主要问题是缺少投资建设发电设施，输变电线路老旧和覆盖率低，这些问题限制了国家工业化发展。短期内莫桑比克电力供应基本能够满足使用需求，但随着北部天然气开发进入密集建设期，以及大型工业项目陆续上马，莫桑比克的电力供应将出现短缺。未来莫桑比克规划电站以水电、燃煤、燃气、风电、太阳能电站为主。2018—2042 年规划总装机容量为 1 030 万千瓦，其中水电项目约为 17 个，

[1] 资料来源于莫桑比克国家统计局官网。

火电项目约为25个，可再生能源项目约为5个。[1]

莫桑比克国内电网与南非、马拉维、津巴布韦、坦桑尼亚等周边国家互联互通，国内电网覆盖率较低，现有输电线路主要集中在大城市及其周边地区。中资企业到莫桑比克投资设厂如果用电量较大，或在电网覆盖范围外时，需要自备发电设备或自建输变电设施。

（四）医疗

莫桑比克医疗资源短缺。莫桑比克卫生部统计数据显示，截至2016年年底，全国共有58家医院，1 233个医疗中心和156个卫生站，2.1万个床位；有3.5万医务人员，其中高级医生2 400人，这包括了来自中国、俄罗斯、古巴、朝鲜等国的外国医生。[2]

据世界卫生组织统计，2016年，莫桑比克全国医疗卫生总支出占国内生产总值的7%左右，按照购买力平价计算，人均医疗健康支出79美元。2016年，莫桑比克人均寿命为57.6岁。近年来，莫桑比克政府积极采取措施降低疟疾和肺结核死亡率，控制艾滋病传播。2015年，莫桑比克艾滋病感染率为13.2%。2019年，莫桑比克共有220万名艾滋病毒携带者，5—49岁人口中艾滋病毒携带者占13.2%，艾滋病毒携带者中，接受逆转录治疗患者人数超过100万。[3]

目前，莫桑比克大部分药品依赖进口，国外药品进入莫桑比克的渠道有三。一是国际组织采购。国际红十字会、世界卫生组织、联合国儿童基金会等国际组织通过一些基金项目免费向莫桑比克提供药品。二是国际组

[1] 中华人民共和国商务部．对外投资合作国别（地区）指南 [EB/OL]. [2021-02-19]. http://www.mofcom.gov.cn/dl/gbdqzn/upload/mosangbike.pdf.

[2] 资料来源于莫桑比克卫生部官网。

[3] 资料来源于世界卫生组织官网。

织将资金和募集款交给莫桑比克，再由莫桑比克公立医院实行政府采购。三是获得莫桑比克政府审批后，通过药店、私立医院等私营市场渠道进入莫桑比克国内。[1] 为促进医疗事业的发展，莫桑比克政府对医疗行业的投资给予了高度的重视，出台了各种鼓励政策。2017 年 3 月 8 日，莫桑比克议会一致通过了对 1998 年《药品和疫苗法》的修正案，以此确保基本药品和疫苗的及时和定期供应。

中国与莫桑比克之间的医疗合作可追溯到 1976 年，即该国独立之初。[2]2019 年 3 月，中国向受热带气旋“伊代”影响的莫桑比克妇女及女童提供卫生援助，第一时间向莫桑比克提供了资金、物资，派遣了救援队。2020 年 6 月，为帮助莫桑比克抗击新冠肺炎疫情，四家中国企业通过非洲投资与增长伙伴关系项目向莫桑比克工业与贸易部捐赠 3 万只医用口罩。[3]

[1] 中研网 . 莫桑比克医药行发展现状特点及行业发展局限性分析 [EB/OL]. [2021-04-20]. https://www.chinairn.com/news/20181129/154930668.shtml.

[2] 新华网 . 中莫医疗合作造福莫桑比克民众 [EB/OL]. [2021-04-20]. http://www.xinhuanet.com/world/2015-08/01/c_1116110648.htm.

[3] 商务部 . 中国企业向莫桑比克政府捐赠防疫物资 [EB/OL]. [2021-04-20]. http://mz.mofcom.gov.cn/article/zyhd/202006/20200602970065.shtml.

第二章 文化传统

莫桑比克拥有历史悠久、内容丰富的文化传统。从文化的演变过程上看，莫桑比克同其他葡萄牙前殖民地类似，都经历了传统文化萌芽，葡萄牙文化影响，以及本土文化、民族身份觉醒的过程。起初，早期居民班图人和阿拉伯人创造了莫桑比克的传统文化。后来，葡萄牙的殖民统治冲击了传统文化，并与之强行融合。最后，随着反殖民情绪的爆发，莫桑比克民族意识觉醒，开始重新认同本民族文化并反对外国文化的入侵。经过漫长的发展，莫桑比克形成了独具特色的文学、美术、音乐、舞蹈、戏剧、电影和饮食文化。

本章将先梳理莫桑比克的文化发展史，再介绍不同类型的莫桑比克传统文化，最后介绍具有代表性的文化名人。

第一节 历史沿革

一、传统文化萌芽：殖民以前的历史

莫桑比克最早的居民主要是丛林猎人和采集者。从公元 3 世纪开始，班

图人从大湖地区[1]通过大陆内部的河谷进入今日莫桑比克领土所在地区，迫使原始居民逃入资源匮乏的地区。班图人进入莫桑比克地区的过程中，为该地引入了种植和畜牧技术，同时传播了冶金技术。在3—7世纪，莫桑比克沿海地区兴建起商业仓库，与非洲其他地区、中东和印度展开了以象牙和黄金为主的贸易。在这样的背景下，一些沿海城市发展起来。从9世纪开始，阿拉伯人就到当今莫桑比克共和国所在地区的北部和中部沿海地区进行贸易，到11世纪，波斯人一度取代阿拉伯人成为该地区贸易的主要参与者。虽然阿拉伯人和波斯人都未能在内陆地区建立统治，但他们的经商活动使兼具阿拉伯文化特色和波斯文化特色的莫桑比克传统文化逐渐成形。13世纪，绍纳人在现津巴布韦和莫桑比克一带建立莫诺莫塔帕王国，到16世纪初，莫诺莫塔帕王国国势渐衰。

二、葡萄牙文化影响：殖民时期

15世纪末，葡萄牙人为打开西欧通往东印度的航路而来到莫桑比克。1489年，佩罗·达·科维良侦察了莫桑比克的索法拉沿海据点。1498年，瓦斯科·达·伽马到达莫桑比克沿岸。1505年，葡萄牙人用武力驱逐了在索法拉的阿拉伯人，建立了第一个殖民据点，并在两年后占领莫桑比克岛。1629年，葡萄牙乘莫诺莫塔帕王国内讧之机获得了对莫桑比克内陆地区的支配权。1700年，葡萄牙宣布莫桑比克为“保护地”，1752年改为殖民地，由里斯本政府任命总督统治。17世纪中叶，葡萄牙在莫桑比克实行普拉佐制，由王室将大型地产租借给殖民者、定居者和商人，允许他们开发非洲大陆的资源。为进一步控制殖民地，葡萄牙殖民当局于1888—1893年成立

[1] 大湖地区指非洲中东部东非大裂谷周围的安哥拉、布隆迪、中非共和国、刚果（布）、刚果（金）、肯尼亚、卢旺达、苏丹、南苏丹、坦桑尼亚、乌干达和赞比亚。

了拥有商业、矿业、税收和地权等方面特权的“特许公司”，并授权其开发非洲内陆。这些特许公司包括控制莫桑比克中部的莫桑比克公司、控制莫桑比克北部的尼亚萨公司和控制赞比西河盆地的赞比西亚公司，它们总计控制了莫桑比克约三分之二的领土。

葡萄牙对莫桑比克的占领局面不断遭到其他西欧列强的挑战。19 世纪 60 年代，邻近莫桑比克的开普殖民地发现黄金和钻石，西欧列强对莫桑比克的争夺更趋激烈。1869 年，英国试图占有德拉瓜河湾未遂。1885 年，葡萄牙人对莫桑比克进行全面军事占领。1891 年，英国、葡萄牙签订协议承认莫桑比克全部被划归葡萄牙。从此，莫桑比克正式定界，被称为“葡属东非”。1898 年，莫桑比克将首都从莫桑比克岛迁到洛伦索·马贵斯（又称洛伦佐侯爵城，即现在的马普托市）。20 世纪初，葡萄牙实行改革，给莫桑比克以相对的自治权。1930 年，葡萄牙军事独裁者安东尼奥·德·奥利维拉·萨拉查（António de Oliveira Salazar）颁布殖民条例，取消莫桑比克人民有限的自治权和特许公司的开发权，重新将莫桑比克定为殖民地。1951 年，莫桑比克成为葡萄牙的海外省。20 世纪 60 年代，受非洲民族解放运动的影响，葡萄牙政府修改殖民政策，颁布《海外省组织法》，给莫桑比克人以名义上的葡萄牙公民权，并扩大了莫桑比克地方政府的权力，但实际上仍存在严重的种族不平等现象。

葡萄牙的入侵及其殖民统治遭到莫桑比克人民的英勇反抗。1571 年，葡萄牙军队从塞纳出发攻打莫诺莫塔帕王国，在当地人民的反击下，葡萄牙几乎全军覆没。19 世纪，莫桑比克各族人民几乎都参加到反抗葡萄牙入侵和殖民统治的斗争中，他们占领洛伦索·马贵斯、索法拉，没收赞比西河以南的大地产。居住在中部马尼卡高原的绍纳人在酋长的领导下，从 19 世纪 60 年代开始，反抗葡萄牙统治 30 多年，一度将葡萄牙人逐出莫桑比克和津巴布韦交界地区。莫桑比克北部尧族人民的斗争也持续到 1912 年。

为躲避葡萄牙殖民者的压迫，19 世纪末至 20 世纪初，大量莫桑比克人逃往邻国。第二次世界大战后，莫桑比克人民民族意识日益觉醒，多次罢工反抗并明确提出要求独立的口号。20 世纪 60 年代，莫桑比克民族民主联盟、莫桑比克非洲民族联盟、独立莫桑比克非洲人联盟成立。1962 年 6 月，这三个政党在达累斯萨拉姆合并为莫桑比克解放阵线党。

在葡萄牙殖民期间，葡萄牙对莫桑比克的文化影响在诸多方面均有体现。在语言方面，葡萄牙规定莫桑比克的官方语言为葡萄牙语。统一的语言方便了殖民统治和传教活动，同时也让科学文化知识在相对落后的莫桑比克得到了有限的传播。在宗教方面，葡萄牙人将基督教引入莫桑比克。在艺术方面，殖民时期，许多其他葡语国家的音乐和舞蹈，比如法多和桑巴舞，传入莫桑比克，并与当地传统歌舞相融合。此外，这一时期葡式饮食和葡式建筑也融入莫桑比克当地人民的生活，葡式小面包等美食是莫桑比克经典菜肴，在莫桑比克岛等地至今仍保留着葡萄牙风格的建筑。

与此同时，在莫桑比克人民的反殖民过程中，莫桑比克的文学、绘画、雕塑和戏剧等艺术创作的主题具有强烈的时代特色。这一时期的莫桑比克艺术作品多展现本国人民受压迫的苦难生活，表现出对殖民统治的反抗、对独立自由的渴望，以及对美好生活的向往。比如，这一时期的艺术家马兰加塔纳·瓦伦特善于用粗线条和深色调绘画，既描绘了莫桑比克人受殖民者压迫的苦难，又反映了他们在独立战争中的豪迈气概。

三、本土文化与民族身份觉醒：独立以来

1964 年 9 月 25 日，莫桑比克解放阵线党领导莫桑比克人民开展游击战争，经过 10 年英勇战斗，解放了北部三省以及中部两省的部分地区。1974 年葡萄牙发生政变，葡萄牙新政府同莫桑比克解放阵线党谈判，并签署了《卢萨卡协议》。根据协议，以莫桑比克解放阵线党为主体的过渡政府

于 1974 年 9 月 20 日成立。1975 年 6 月 25 日，莫桑比克正式宣告独立，成立莫桑比克人民共和国，萨莫拉・莫伊塞斯・马谢尔任总统。同日，莫桑比克同中国建立外交关系。1977 年 2 月，莫桑比克解放阵线党召开第三次代表大会，宣布在莫桑比克建设科学社会主义社会，将主要经济命脉及土地收归国有，发展公社村与合作社。1983 年 4 月，莫桑比克解放阵线党第四次代表大会确定此后的三大任务为保卫祖国、战胜不发达和建设社会主义。1990 年 11 月，莫桑比克人民共和国改名为莫桑比克共和国，实行多党制。1992 年 10 月 4 日，莫桑比克政府和全国抵抗运动党签署和平总协议，结束了长达 16 年的内战。1993 年，联合国维和部队进驻莫桑比克。

在将近五个世纪的殖民历史中，葡萄牙文化与莫桑比克传统文化逐渐融合。一方面，葡萄牙在殖民的过程中丰富了自身的文化；另一方面，莫桑比克传统文化也被深深烙上了葡萄牙的印记。在语言方面，葡萄牙语成为莫桑比克的官方语言，为莫桑比克全国一半以上的人口所使用。在宗教方面，在已有伊斯兰教的基础上，葡萄牙人又将基督教引入莫桑比克。在文化艺术方面，莫桑比克既有极富传统特色的音乐和舞蹈，又发展出融入欧洲文学特色的莫桑比克文学。

第二节 文化概览

独立后的莫桑比克一方面继承了优秀的传统文化遗产，另一方面又发展了具有民族特色的、全新的文化。经历了殖民政权剥削的莫桑比克民族，在吸收西方世界的、不同种族文化中的进步成分后，开始以革命精神和解放思想指导自身文化的发展。莫桑比克首任总统萨莫拉・莫伊塞斯・马谢尔对发展新的莫桑比克文化艺术非常重视，他指出：“要设法将旧的艺术形式同新的内容结合起来，然后创立一种新的模式。让绘画、文学作品、戏剧和手工艺品等艺术形式与传统的舞蹈、雕刻和歌谣融合。让一些艺术家的艺术创作，成为全国从南到北所有人，即男人和女人、年轻人和老年人，共享的艺术创作。这样，全新的、革命性的莫桑比克文化就会在所有人身上孕育而生。”[1]

一、文学与美术

在文学方面，莫桑比克人早期的传说和故事大多通过口头讲述代代相传，这是非洲很多地区民族文学共同的特征。到20世纪初，虽然葡萄牙殖民政权对非洲当地文学采取压制政策，但这一时期文字的使用大大促进了莫桑比克文学的发展。1918年，一批莫桑比克记者在洛伦索·马贵斯（今马普托市）创办了报纸《非洲的呐喊》。在此后的几十年里，这份报纸成为促进莫桑比克民族意识觉醒的讲坛。另外，在1918年，朱安·阿尔巴齐尼和若泽·阿尔巴齐尼兄弟与记者埃·迪亚什合作创办了刊物《致非洲同胞》。《致非洲同胞》是莫桑比克历史上的第一份文学性刊物，早期在其上发表作品的作家被视为莫桑比克新文学的开创者。

20世纪20年代，莫桑比克文学逐渐成形，形成了殖民主义文学和反殖民主义文学两个派别。此时的莫桑比克文学作品主要用葡萄牙语写成，此时的文学家以诗人为主，且大部分为葡萄牙裔，他们以欧洲人的视角，用欧洲文学的表达方式和风格，展现莫桑比克社会现实和莫桑比克人的日常生活。在此过程中，非洲人自身的表达方式受到了潜移默化的影响，非洲人的民族认同也受到了压制。

第二次世界大战之后，随着非洲反殖民主义运动的蓬勃发展，莫桑比克的民族意识日渐觉醒，并随之产生了现实主义文学。这些作品展现了莫

[1] MARIA I F. Moçambique: diversidade cultural e linguística[J]. Cadernos de pós-graduação em letras, 2017, 17 (1) : 94-108.

桑比克的社会现实，表达了人民的意愿和呼声，反映了作者内心涌动的革命激情、对人民的热爱与同情，以及对殖民制度的憎恶和仇恨。

随着莫桑比克人对本区域和本民族的文化、意识形态、社会经济和审美的认同感增强，展现民族意识的莫桑比克文学在殖民统治末期崭露头角，在独立战争时期持续发展，并在独立后到达顶峰。在此期间，莫桑比克出现了一批年轻的作家，他们用更通俗的语言创作，作品广受欢迎。这一时期也有不少作家使用民族语言进行创作，丰富了莫桑比克文学作品的形式和内容。用民族语言进行创作的代表作家有米亚·科托（Mia Couto）、保琳娜·希兹瓦纳（Paulina Chiziane）和若泽·克拉维里尼亚（José Craveirinha），他们分别著有《梦游的大地》《风中的爱谣》《很久以前》等书。

莫桑比克美术闻名世界。具有世界影响力的莫桑比克当代艺术家有雕塑家阿尔贝托·奇萨诺（Alberto Chissano）、画家马兰加塔纳·瓦伦特（Malangatana Valente）等。

在雕塑方面，莫桑比克的马孔德人善于制作木雕，其木雕艺术闻名世界。莫桑比克木雕以乌木雕刻的谢塔尼[1]和逼真的人物面孔为主要内容。这些木雕通常被作为道具用于舞蹈表演，或起到家谱式的记录作用，讲述着世代相传的故事。

与莫桑比克文学的社会功能类似，在殖民统治末期，莫桑比克的绘画反映了殖民统治的压迫，并成为抵抗的象征。在1975年独立以后，莫桑比克绘画才进入了现代艺术的新阶段，开始用鲜活的色彩展现独立后的斗争、苦难和饥饿等社会现实。

[1] 谢塔尼是东非神话中的邪恶神灵，其形象常出现于坦桑尼亚、莫桑比克和肯尼亚等国的雕刻艺术品中。

二、音乐与舞蹈

莫桑比克音乐常用于传统仪式，具有多种表达目的，既可被用来表达人民对殖民统治的不满，又可被用来表达对自由的向往。莫桑比克传统乐器通常是手工制作的，如用木头和动物皮制成的卢本贝鼓，以及用木头和动物角制成的管乐器。木琴为莫桑比克传统弦乐器，如马林巴琴和2006年被联合国教科文组织列为世界非物质文化遗产的钦比拉确皮。莫桑比克传统音乐的主题和曲风与雷鬼音乐[1]和加勒比卡勒普索[2]类似。目前比较流行的音乐类型有诞生于20世纪30年代末的马拉班达[3]和很多葡语国家共有的法多、桑巴、波萨诺瓦、马克西克斯等。其中，桑巴和马克西克斯也是莫桑比克的传统舞蹈。莫桑比克的舞蹈发展成熟，具有仪式象征。舞蹈形式复杂多样，不同部落之间风格各异。比如，确皮人习惯穿着兽皮以战斗的方式舞蹈；马库阿人多穿着彩色的服饰，佩戴面具，在高跷上舞动；北部的妇女则喜爱跳图福舞[4]，以此庆祝伊斯兰教节日。

三、戏剧与电影

在莫桑比克独立以前，由于葡萄牙殖民统治当局对所有大众媒体实施严格的审查制度，限制了部分艺术形式的发展，因而戏剧可谓是莫桑比克最不发达的艺术种类。在独立战争期间，莫桑比克解放阵线党军队在解放

[1] 雷鬼音乐起源于牙买加，融合了美国节奏蓝调和拉丁音乐的元素，早期是底层人民用来表示抗议的一种方式，后被列入联合国非物质文化遗产。

[2] 加勒比卡勒普索是最早出现在特立尼达和多巴哥的非洲–加勒比音乐风格，节奏欢快，早期被黑奴用来表达对奴隶主的不满情绪。

[3] 马拉班达是一种节奏轻快的音乐，其歌词多表达民众的反殖民情绪。

[4] 莫桑比克北部的传统舞蹈，起源于阿拉伯，由多名妇女集体表演。在舞蹈中，她们伴着歌曲和鼓乐舞动身体的上半部分。

区通过戏剧作品进行宣传教育，并鼓励这一类型戏剧的创作、演出和传播。独立以后，莫桑比克的戏剧得到了一定程度的发展。1978年，贝罗·马贵斯创作了莫桑比克的第一部无线电广播戏剧。

莫桑比克的电影事业始自独立战争时期，最初以新闻电影为主，内容多为介绍莫桑比克解放阵线党政策，反映扫盲事业进展情况，普及卫生知识、生活常识等。例如，1974年发行的第一部新闻片《纳钦圭亚》和1975年拍摄的《从鲁伍马河到马普托》，这两部新闻片是莫桑比克电影工作者在苏联电影工作者的协助下摄制的。此外，还有由若泽·科雷阿和塞尔索·卢卡什于1977年导演的《25日》、菲·西瓦尔于1978年导演的《独立的日子》、迪·索马萨于1980年导演的《猎豹行动》、科什塔于1981年导演的《独立之声》等。自20世纪80年代以来，莫桑比克每年拍摄新闻片数量在10部左右。独立以后，莫桑比克其他类型的电影也得到了很大程度的发展。莫桑比克第一部故事片《纪念勇士穆埃达》由蔷拉和西瓦尔导演，于1980年拍摄完成。第一部彩色片《喝点水，兄弟，请给我唱首歌！》由朱·卡德罗祖执导，于1982年拍摄完成。莫桑比克在独立的当年就设立了国家电影研究院，该院在1981年增设动画班，并于1987年拍摄了莫桑比克的第一部动画片。

四、饮食文化与体育活动

莫桑比克的饮食文化深受葡萄牙人的影响。例如，莫桑比克饮食中常有葡式小面包、产自巴西（曾经的葡萄牙帝国领土）的木薯淀粉制品，以及巴西盛产的腰果。葡萄牙人还将大量的香料、主食引入莫桑比克，如洋葱、月桂叶、大蒜、香菜、胡椒、红辣椒、大米、高粱、土豆等。如今，莫桑比克人享用的菜肴大部分是葡式的，如莫桑比克人钟爱的肉饼、炸饼、烤串、布丁和辣椒酱腌制的烤全鸡均为葡式特色菜肴。

在体育运动方面，在莫桑比克最受欢迎的运动是足球、篮球和田径。莫桑比克国家足球队曾四次参加非洲国家杯比赛，但目前尚未参加过国际足联世界杯比赛。篮球运动员克拉丽丝·马汉瓜纳（Clarisse Machanguana）效力于美国国家女子篮球联盟（WNBA）。田径运动员玛丽亚·德·吕德斯·穆托拉（Maria de Lurdes Mutola）在 1996 年的美国亚特兰大奥运会上获得铜牌，在 2000 年的澳大利亚悉尼奥运会上获得金牌。

五、旅游

（一）莫桑比克岛

莫桑比克在旅游业上具有一定的发展潜力。莫桑比克岛在 1991 年根据文化遗产遴选标准，被联合国教科文组织世界遗产委员会批准列入《世界遗产名录》（遗产编号：599）。莫桑比克岛属于莫桑比克北部楠普拉省的一部分，是一座独具特色的文化大熔炉，在 1507—1898 年，该岛曾为葡萄牙殖民政府首都所在地。这里自然资源丰富、气候宜人、海滩美丽，是莫桑比克的商业和渔业中心，但少有工业活动。从历史沿革上看，岛上的人口主要是公元 200 年左右移居此地的班图人后裔。世界遗产委员会评价道："坚不可摧的莫桑比克城就建在莫桑比克岛上，它是历史上葡萄牙人前往印度时途经的一个贸易口岸。"[1]10—15 世纪晚期，莫桑比克岛的天然港口被阿拉伯商人作为海上贸易的中心，阿拉伯人的贸易活动对当地的语言文化产生了深厚影响，阿拉伯语成为该岛较为通用的语言。1498 年，葡萄牙探险

[1] 资料来源于联合国教科文组织官网。

家达·伽马登陆此岛，宣称它为葡萄牙领土。4 年后，达·伽马与葡萄牙移民回到此处，建立了第一个堡垒——圣加百列（今已不存）。此外，该岛还有始建于 16 世纪中期的圣塞巴斯蒂昂城堡，该城堡体现了意大利文艺复兴时期的特色。

1607 年，在莫桑比克岛之战中，该岛遭荷兰攻击。19 世纪中期，随着奴隶买卖的减少和苏伊士运河的开通，该岛在贸易交流中的重要性降低。1898 年，大陆地区的管辖权归莫桑比克所有，该岛旅游业得以开发，经济略有恢复。在此期间，葡萄牙人修复了岛上的一些宗教、行政和军事纪念建筑，如政府大厦等。1967 年，岛上建起连接大陆的桥梁。1975 年，莫桑比克取得独立，大批葡萄牙人及其后裔离开此地。内战爆发后，莫桑比克岛因为接纳了大批逃亡人员而人口膨胀、贫困加剧。1997 年，联合国教科文组织推行国际性的活动以期修复和保存该岛的建筑遗产。

从建筑风格上看，莫桑比克岛因其地理位置和历史环境，孕育了独特的城市风貌。岛上的建筑反映出葡萄牙、印度和阿拉伯各国的影响，但在视觉上却保有非同寻常的协调感。这种协调感主要是因为自 16 世纪以来，岛上的城镇建设自始至终都使用相同的建材（主要是当地出产的石灰岩、木材和棕榈叶等）和类似的建筑结构（大多是讲究对称，善用六边形和长方形结构的平顶房屋）。统一的建材和相似的结构使岛上房屋呈现出世所罕见的建筑统一性。此外，岛上还有守护圣母礼拜堂（1522 年建成）、仁慈圣母教堂（1635 年建成）、新古典式医院（1877 年建成）、四个对称的城镇市场（1887 年建成）、19 世纪时期印度教寺庙（19 世纪建成）、圣保罗宫（1674 年建成）等。

从环境上看，莫桑比克岛有两处不同的居住地。一处是位于岛屿北部的石头之城，这里原来是葡萄牙殖民地政府（1507—1898 年）所在地。城中建筑损毁严重，一些中世纪的地板和屋顶已塌陷。如今仍有部分居民居住在此并进行商业贸易活动。另一处是位于岛屿南部的稻草之城。稻草之城占了岛屿面积的30%，它建在石头之城的建筑材料来源地上，紧临圣塞巴斯蒂昂城堡。稻草之城的最南端坐落着莫桑比克岛的墓地。

一眼望去，莫桑比克岛恰如欧洲和非洲文化的结合体。教堂、房屋结构、街道、广场、纪念性建筑物、防御工事等无一不展示着葡萄牙式建筑风格。莫桑比克岛基础设施的更新与居民生活的改善是政府工作的当务之急，莫桑比克政府和人民应充分利用当地文化资源，完成这项任务。

从文化传承上看，莫桑比克岛是一座文化宝岛。莫桑比克岛海事博物馆建于1972年，展出在水下打捞活动中发现的中国、葡萄牙和法国的古代文物。该展览被列入莫桑比克岛古代文物研究项目，其中，中国古文物展品包括明代碗碟和其他价值连城的稀世珍宝。莫桑比克岛是历史上东西方物物交换的重镇，但因厄加勒斯洋流由此经过，常有商贸船只在此失事，大量商品和珍宝落入海中。仅从被海水冲刷上岸的大量瓷器残片足以看出，附近的水域一定有装载大量瓷器的沉船。

（二）维兰库

维兰库是由印度洋进入巴扎鲁托·阿乞佩拉戈群岛的主要通道，这里有着美丽的海滩、丰富的夜生活，以及环境优越且价格合理的度假小屋和旅馆，因而日益受到游客的欢迎。唐纳·安纳酒店是维兰库知名的度假场所。在这里，游客可以一边感受昔日辉煌，一边欣赏海港优美的景色。除此之外，城里现在还有很多豪华酒店、让人心情愉悦的波希米亚风味咖啡馆、精美石刻、提供物美价廉海鲜大餐的摩尔情调餐馆等。

（三）彭巴

彭巴，旧名阿梅利亚港，是莫桑比克最北部的港口城市，在莫桑比克海峡彭巴湾北端。彭巴不仅是德尔加杜角省首府和农产品集散中心，也是重要的度假胜地。彭巴城始建于1904年，因其保留了葡萄牙殖民时期的建筑而闻名。城内有许多葡萄牙人的古迹，以及一个露天剧场，在那里游客可以买到银器等各种手工艺品。彭巴海岸有大量珊瑚礁，良好的水域条件使得彭巴的潜水和水上运动也很有名。

六、文化设施

莫桑比克的博物馆业发展很快。马普托市建有各种类型的博物馆，如1911年建立的民族学和自然历史博物馆、1940年建立的地质博物馆、1978年建立的国家革命历史博物馆和1982年建立的国家艺术博物馆。此外，贝拉建有一座民族学博物馆，楠普拉市建有一座艺术画廊。

莫桑比克的图书馆系统不发达，图书馆多集中于马普托市。例如，国家图书馆，其藏书在1984年就达到了11万册；爱德华多·蒙德拉内大学图书馆，其藏书约7.5万册；地质服务图书馆，其藏书约1.5万册；以公益服务为主的市政图书馆，其藏书约8 000册；情报文献中心图书馆，其藏书种类有限，总量较少，约3 000册。1980年，马普托市专门为工人开设了一个开放式的图书馆。另外，楠普拉市的工业技术师专内也建有一座图书馆。

第三节 文化名人

一、米亚·科托

米亚·科托是当今葡萄牙语文学界颇具影响力的非洲作家。米亚·科托原名安东尼奥·埃米利奥·雷特·科托，1955年出生于莫桑比克索法拉省贝拉市的一个葡萄牙移民家庭，父亲是当地著名的诗人和记者。米亚·科托14岁开始在当地的报纸上发表诗作，20岁时成为莫桑比克信息社社长，后创办《时间》杂志。1983年出版了第一本诗集《露水之根》。1986年，其短篇小说集《夜晚的声音》在葡萄牙出版，引发国际关注。此后，米亚·科托文学佳作不断，并斩获多项文学大奖。米亚·科托共创作3本诗集、6本短篇故事集、4本杂文集和17部长篇小说。他的作品在20余个国家和地区出版发行，作品被翻译成德语、法语、西班牙语、加泰罗尼亚语、英语、意大利语、中文等10多种语言。

在许多作品中，米亚·科托都试图通过结合葡萄牙语和莫桑比克地域性词汇和语法结构，创造非洲叙事的新模式。米亚·科托善于运用谚语、谜语、传说和隐喻，让小说富有诗意。从风格上讲，他的作品受拉美魔幻现实主义文学影响，被归类为泛灵论现实主义。事实上，米亚·科托对自身被赋予的许多标签都持怀疑甚至否定态度。比如，对于魔幻现实主义的标签，就像马尔克斯一样，米亚·科托也不认为他写的是魔幻现实，对他来说，他所写的就是当地人面临的赤裸裸的现实。米亚·科托对“非洲作家”“非洲文学”这样的标签也心存疑虑。他谈道：“确实有一个时期，非洲的作家们会很强调自己是非洲作家，并以这一身份团结在一起，因为在当时的历史情境下，大家面临历史挑战：别人说非洲没有历史、没有文化、没有文学。”但是在米亚·科托看来，对于新一代作家来说，标签化是危险的，“因为这很容易变成一种猎奇的、异域情调的东西，仿佛因为你是非洲人，所以你才被接受。其实你就是一个作家，就好像一个欧洲的作家不需要说自己是一个欧洲作家，他就是一个作家。”[1]

米亚·科托的代表作有《梦游的大地》《耶路撒冷》和《母狮的忏悔》。其中，发表于1992年的《梦游的大地》是他第一部长篇小说，小说一经出版便收获无数好评，被认为是20世纪最杰出的非洲文学之一。该书以莫桑比克内战为背景，描述了战争过程中与战争之后的残酷现实。这部作品体现了米亚·科托写作的精巧结构、诗意行文与对莫桑比克历史现实的反思。该书于1995年获得莫桑比克作家协会国家小说奖，并被津巴布韦书展评为“20世纪十大非洲书籍”之一。2014年，米亚·科托凭借该小说获得有“北美诺贝尔文学奖”之称的纽斯塔特国际文学奖。加西亚·马尔克斯、切斯瓦夫·米沃什等人都曾在获得诺贝尔文学奖之前荣获该奖。米亚·科托也一直是诺贝尔文学奖的热门候选人之一。除了上述成绩之外，米亚·科托还于2013年获得葡萄牙语文学最高奖项卡蒙斯奖。

2015年，米亚·科托凭借《耶路撒冷》入围布克国际文学奖。《耶路撒冷》深入刻画了战争遗留的代际之殇，主人公姆万尼托通过识字和写作，最终重建了父亲拒绝谈论的家族记忆，发出非洲大陆内部真正的独立之声。

2017年，米亚·科托凭借《母狮的忏悔》入围都柏林文学奖短名单。《母狮的忏悔》取材于米亚·科托在莫桑比克农村社会所见所闻的女性受压迫的真实事件。从这一部书开始，社会边缘的女性开始成为米亚·科托的写作母题。尽管《母狮的忏悔》涉及的是女性压迫这一经典的女性主义主题，但是米亚·科托抗拒“女性主义作家”这样的标签。“我觉得我是个作家，就应该对这些事情表现出更积极的兴趣。就全世界来说，不光是莫桑比克，女性依然处在受压迫的位置。所以我不需要刻意表明我是一个女性

[1] 中国作家网. 米亚·科托：警惕非洲作家这一标签 [EB/OL]. [2021-02-25]. http://www.chinawriter.com.cn/n1/2018/0819/c404091-30237098.html.

主义作家，我会写这个主题只是因为我不可能以另外一种方式写作。”[1]

纽斯塔特国际文学奖评委在提名米亚·科托时说，“他书写的不仅仅是自己的国家，他的目光在于全世界和全人类。”纽斯塔特国际文学奖的颁奖词写道：“一些评论家称科托为‘走私作者’，他像词语的罗宾汉，从其中偷出意义，再应用到另一种语言里，让两个明显分隔的世界能够交流。在他的小说里，每一行都是诗。”[2]

2021 年 1 月 25 日，米亚·科托新型冠状病毒核酸检测结果呈阳性，于家中隔离，在接受电视台采访时，他呼吁大家共同抗击疫情，与病毒作斗争。米亚·科托表示，现在正是引发大家对莫桑比克医疗体系思考的最好时机，疫情在健康、社会、经济和人文等方面都产生了巨大影响。[3]

二、马兰加塔纳·瓦伦特[4]

马兰加塔纳·瓦伦特是莫桑比克的著名画家，作为莫桑比克国家美术馆成员，他的油画、陶器、雕刻画等作品被世界诸多博物馆、公共机构和个人所收藏，在全球四大洲 40 多个国家参展。马兰加塔纳·瓦伦特一生获奖无数，被公认为莫桑比克才华横溢的对外艺术大使，曾于 1997 年被授予“联合国教科文组织和平艺术家”称号。

马兰加塔纳·瓦伦特于 1936 年出生在莫桑比克马塔拉纳一个农民的

[1] 中国作家网. 米亚·科托：警惕非洲作家这一标签 [EB/OL]. [2021-02-25]. http://www.chinawriter.com.cn/n1/2018/0819/c404091-30237098.html.

[2] 澎湃新闻. 莫桑比克作家米亚·科托作品首次引进，曾获葡语卡蒙斯奖 [EB/OL]. [2021-02-25]. https://www.thepaper.cn/newsDetail_forward_2187162.

[3] 资料来源于葡萄牙广播电视台官网。

[4] 马兰加塔纳·瓦伦特，葡萄牙语名 Malangatana Valente Ngwenya。目前中国通行翻译取了前两词 Malangatana Valente，译为马兰加塔纳·瓦伦特。葡萄牙语习惯通常取 Malangatana Ngwenya 两词，对应中译为马兰加塔纳·恩格温亚。

家庭，童年在放牧中度过，少年时就读于本地一所新教小学，11 岁时辍学。他的第一份工作是牧羊人，之后转入一所基督教学校继续学业，然后进入市区找到一份仆人的工作。随后马兰加塔纳开始学习绘画知识并获得经济资助，这期间他有充裕的时间和充沛的精力来专心致志地进行创作。1959 年，他的作品首次在马普托市展出。其作品描绘了莫桑比克的历史进程，包括葡萄牙殖民时期、独立战争时期、独立之后的内战时期，表现了战争时期人类的苦难和斗争时的英雄气概。1961 年马兰加塔纳在马普托市首次举办个人画展。2011 年 1 月，马兰加塔纳因疾病去世，终年 74 岁。

马兰加塔纳 · 瓦伦特的朋友乔治 · 迪亚士（Jorge Dias）是莫桑比克国家美术馆的前任馆长，他形容马兰加塔纳是一个故事大王："他总是有大量的关于莫桑比克的历史故事，从他那能了解到很多的国家历史。"[1] 乔治 · 迪亚士认为马兰加塔纳 · 瓦伦特受到莫桑比克文化及历史的灵感启发，是一名杰出的艺术家、音乐家及哲学家。

---

[1] 艺术中国. 非洲著名当代艺术家马兰卡塔纳 · 恩格文亚去世 [EB/OL]. [2021-02-25]. http://art.china.cn/haiwai/2011-01/18/content_3969236.htm.

第三章 教育历史

第一节 历史沿革

任何国家的教育发展进程、教育体系的确立，以及教育方针的制定都与该国的历史密不可分。1498 年葡萄牙航海家达·伽马率船队到达莫桑比克后，葡萄牙帝国便开始了对当地近五个世纪的殖民统治。因此，在讨论莫桑比克教育史时，常常将莫桑比克教育发展分为三个阶段，即葡萄牙帝国殖民统治前的教育、殖民统治时期的教育，以及莫桑比克国家独立后的教育。

一、殖民统治前非系统的传统教育

在 1498 年葡萄牙人到达莫桑比克之前，莫桑比克当地居民已经和阿拉伯人建立了商贸联系，当时的教育模式以非系统的传统教育为主。所谓传统教育就是指，通过宗教仪式等方式传授在生产生活中所积累的技术、知识及传统价值观。这种教育以教导青年人融入当地社会群体为主要目标，所传授的知识因学生性别的不同而有所不同。例如，长辈们向女性青年灌输顺从丈夫的社会价值观，而针对男性则教导其如何成为一家之主。

二、殖民时期缓慢发展的教育

（一）发展历程

在葡萄牙帝国殖民时期（1498—1975年），对莫桑比克人的教育不是葡萄牙殖民政府所关注的问题。自1498年达·伽马第一次到达莫桑比克岛开始，葡萄牙人关心的主要问题便是如何在海外开展商业贸易和开发这片广袤的非洲大陆。在此时期，大部分生活在殖民地的非洲人不能去葡萄牙殖民者所开设的学校，鲜有接受教育的机会。在当时的莫桑比克，学校被划分为两类：殖民者开设的私立学校和本地学校。私立学校的学生以葡萄牙殖民者子女为教育对象，以传播科学文化知识为主要教学内容。而本地学校主要接受莫桑比克当地学生，且由葡萄牙天主教传教士管理。这些来自葡萄牙的传教士从17世纪开始便在莫桑比克开始传教活动，由他们开办和管理的这类本地学校主要出于宗教目的，学生的学习内容以阅读《圣经》为主。

直到19世纪末20世纪初，出于开发殖民地和推行同化政策的目的，葡萄牙殖民政府才开始发展莫桑比克当地教育。具体措施包括推广葡萄牙语、传播天主教教义和加深对葡萄牙文化的认同。葡萄牙殖民者在制定莫桑比克教育方针时从自身国家利益的角度出发，他们认为在殖民地开展教育的主要目的是让当地人民认同宗主国的价值观、热爱葡萄牙文化和服从葡萄牙的殖民统治。例如，萨尔门多·罗德里格斯（Sarmento Rodrigues）于1961—1964年在莫桑比克担任总督一职，在此期间，他在当地积极普及教育，但他始终强调加强对莫桑比克当地人的教育是出于对葡萄牙“国家发展的考虑”。1963年葡萄牙颁布《海外省组织法》，其中将对海外殖民地的教育目的明确表述为增强殖民地对葡萄牙的国家意识和促进葡萄牙在殖民地的各经济部门的发展。莫桑比克本地学生在学校所学习历史的主要内容是葡萄牙航海史和地理大发现史，葡萄牙人被塑造为西方文化传播者，以此来培养学生对葡萄牙文化的热爱以及对葡萄牙人的崇拜之情。可见，殖民时期的莫桑比克教育较为忽视本地区的教育需求现状，教育目的多关注于宗主国国家利益，较大程度地同化了殖民地的文化和直接或间接地导致了身份认同问题。

1910 年，葡萄牙推翻君主专制，建立了共和国。共和国政府于 1913 年开始向海外殖民地推行著名的“世俗教化任务”来巩固传教士们之前建立的教育体系。在这项举措的影响下，莫桑比克的学校数量和学生人数明显增加。截至 1929 年，莫桑比克当地有 258 所学校，学生注册人数超过 3 万人。然而，自 1933 年萨拉查在葡萄牙建立独裁政府后，莫桑比克学校数量有所下降。1950—1951 学年，莫桑比克当地学校的注册学生人数仅约为 5 000 人。但是，在此之后的几年内，学生人数稳定增长。在 1951—1956 年，中小学在校人数由 5 057 人增长到 24 300 人。[1] 然而，和当时庞大的人口数量相比，学生人数的增加可以说是微乎其微。

（二）学校类型

在葡萄牙殖民统治时期，莫桑比克的教育机构种类除了可以根据受教育对象的不同而分为针对殖民者子女的私立学校以及针对莫桑比克学生的本地学校外，还可以根据财政支持情况的不同而分为三类：①公立学校，其运作完全由政府出资；②天主教学校，这类教育机构主要负责基础教育（包括小学教育和中学教育），其经费的 90% 也由葡萄牙政府承担；③外国传教士学校，其运作完全自负盈亏。

另外，在葡萄牙殖民时期，莫桑比克的学校可根据教育阶段分为四类：

[1] CASTIANO J P, NGOENHA S E, BERTHOUD G. Histoire de l’éducation au Mozambique: de la période coloniale à nos jours [M]. Paris: L’Harmattan, 2009.

小学，初高中，专职院校（如艺术和商科学院、农学院、师范学院、职业技术学校和天主教神学院）以及高等教育学校，即创立于 1964 年的莫桑比克通识大学。

（三）学制和课程设置

在殖民时期，莫桑比克小学教育一般为 4 年，之后为中学教育（全称为普通中等教育）阶段。其基础教育学制和葡萄牙相似，时长为 7 年，期间又可分为三个不同的阶段。殖民时期，葡萄牙小学生平均入学年龄为 7 岁，15 岁左右可完成中学教育。但大部分莫桑比克当地人因为家庭经济条件的限制无法获得受教育的机会，即使有受教育的机会，往往也要等到大约 10 岁才开始接受小学教育。

从教学科目上看，小学和初高中的教学科目主要包括葡萄牙语、德语、拉丁语、数学、哲学、历史、生物，以及一门用以培养学生日常行为规范的公民道德教育课程。在小学和初高中阶段，教师教学的重点主要放在葡萄牙语、葡萄牙历史和葡萄牙地理等相关内容，所使用的教材也与葡萄牙本国相同。这导致莫桑比克学生对本土历史文化几乎一无所知。

（四）学生的种族构成

在殖民时期，莫桑比克在读学生的国籍构成值得关注。数据表明，在 1950—1951 学年注册的学生中，来自欧洲国家的学生共有 1 366 名，其中葡萄牙籍为 1 040 名。除此之外，还有 321 名莫桑比克籍学生，488 名印度籍学生，254 名中国籍和日本籍学生。到 1963—1964 学年，每 12 万莫桑比克籍青少年中只有一人可以进入中学学习，而欧洲国籍学生的中学入学率却达到了 4% 左右。莫桑比克通识大学成立两年后，即 1966 年，注册学生人数为540人，其中只有一名莫桑比克本地学生。到1972年，在莫桑比克首都就读的所有学生中，也只有四分之一为莫桑比克当地居民。[1]

（五）引发的问题

殖民时期的教育模式引发了一系列的社会问题。首先是莫桑比克人的身份认同问题。教育过程中推行的同化政策使一小部分受过教育的莫桑比克人对自己的身份感到迷茫，他们不知道自己到底是属于“葡萄牙人”还是“莫桑比克人”。

其次，葡萄牙殖民政府基于人种制定的教育政策，破坏了教育公平原则。葡萄牙政府在1958年规定“文明人”即白种人、黄种人和混血人种；而黑种人需要满足以下三个条件才能被认定为“文明人”，即掌握葡萄牙语、摒弃原始的非洲习俗，以及从事商业或者工业生产活动。[2]这样的划分方式无疑是一种种族隔离政策，葡萄牙人以及小部分被同化的莫桑比克人被当作“文明人”，他们被政府有意识地与“原始人”隔离，并且享有更好的教育资源。而被当作“原始人”的大部分莫桑比克人受到压迫和剥削，即使他们之中有人能够接受教育，也是因葡萄牙政府出于发展殖民地经济及其同化政策的考量。

由此可见，在莫桑比克独立之前，对莫桑比克人的教育一直被葡萄牙里斯本政府及葡萄牙海外首都政府所忽视，葡萄牙在莫桑比克建立的教育体系具有鲜明的殖民特色。概括而言，从教育对象上看，受教育的莫桑比克人仅限于少数对殖民地经济发展有帮助的人；从教育水平上看，莫桑比克人所受到的教育要逊于殖民者所受到的教育；从教育内容上看，这些对

[1] AZEVEDO M J. The legacy of colonial education in Mozambique (1876-1976) [J]. A current bibliography on African affairs, 1978(11): 3-16.

[2] AZEVEDO M J. The legacy of colonial education in Mozambique (1876-1976) [J]. A current bibliography on African affairs, 1978(11): 3-16.

少数人的教育活动旨在宣扬葡萄牙的国家形象，培养对葡萄牙的热爱之情，从而确保葡萄牙对莫桑比克的殖民统治地位。

三、独立后的教育

在独立战争爆发之前，莫桑比克解放阵线党就采取了教育措施。例如，解放阵线党于1962年在坦桑尼亚的达累斯萨拉姆成立了莫桑比克流亡者学校。该学校是莫桑比克最古老的大学爱德华多·蒙德拉内大学的前身，在独立之前就为该国的高等教育打下根基，由此可见该政党对于莫桑比克教育体系发展影响之深。

从独立后的时间脉络上来看，随着1974年《卢萨卡协议》的签订，葡萄牙在莫桑比克的殖民统治瓦解，莫桑比克解放阵线党组建临时政府，担负起对莫桑比克的领导任务。在临时政府短暂的执政期内（1974—1975年），该政党旗帜鲜明地提出了革命教育的理念，部分反对传统教育，完全反对殖民教育。具体来说，对于传统教育，莫桑比克解放阵线党认为，传统教育在莫桑比克仍然占据主导地位。传统教育弊大于利，利在于宣扬集体主义，反对个人主义，这有利于国家早期建设工作；弊则在于其中与现代社会价值观不符的保守、迷信、不平等内容。例如，传统教育鼓励一夫多妻制，妇女被算作二等公民。因此，莫桑比克解放阵线党认为传统教育不好的方面必须被摒弃。而对于殖民教育，解放阵线党认为殖民地教育制度是资本主义的、种族主义的、剥削的、压迫的，剥夺了莫桑比克人的个性，因而它从根本上就不适合莫桑比克。

相比之下，革命教育才是莫桑比克解放阵线党所认可的教育类型。在武装斗争思想的延续下，临时政府的主要目标是建立一个在各个方面都具有革命意义的新社会：它必须树立团结、集体的精神，消除区域主义和个人主义；它必须解放妇女，提倡男女平等；它必须摆脱迷信，让科学方法运用于生活的各个方面，从而改良技术，克服自然因素的限制，促进生产，战胜饥饿和疾病。这一时期的教育方针是该政党贯彻执政理念的方式之一。

自 1975 年独立以来，莫桑比克教育体系经历了一系列的改革。从改革目标上看，教育的主要工作是培养莫桑比克人适应社会新的政治、经济、文化环境。从改革的内容上看，要努力实现各级教育的大众化，确保公民的平等受教育权。在实现这些理念的过程中，《莫桑比克共和国宪法》和《国家教育体系法》的颁布意义最为重大，它们保障了莫桑比克全体公民的受教育权，强调了教育公平的理念，并为莫桑比克国民教育体系的建立打下了基础。

具体来说，在《莫桑比克共和国宪法》和《国家教育体系法》颁布前，教育改革的主要任务是终止各种形式的殖民教育，实现教育内容本土化。而 1975 年颁布的《莫桑比克共和国宪法》规定，教育是每个莫桑比克公民的权利，无关其社会地位、种族、出生地、宗教信仰等因素，并且引入过渡性教育课程，取代葡萄牙殖民教育体系。[1] 同年，政府建立基础教育教师培训中心，废除葡萄牙的教师培训机构。

1983 年，政府颁布法律引入“国家教育体系”。法律规定，国家教育体系的主要目标是培养新公民，培养祖国的建设者，让每个人都能在教育中获得自我实现、自我肯定，并能够在建设祖国的事业中做出最大努力。尽管莫桑比克国家教育体系延续至今，但期间经历过数次调整。具体而言，1990 年，莫桑比克共和国成立，1991 年，重新开放了私立教育，并调整了《国家教育体系法》。2004 年颁布的法律再次调整了 1983 年的法律，将《基础教育课程计划》引入国家教育体系，提出以学生学习为中心的教育形式，并将义务教育延长至 9 年，其中，小学教育缩减至 6 年，此举旨在让基础教育进一步大众化，并提高中学教育的质量。随着 2018 年相关法律完成修订，

[1] 参见《莫桑比克共和国宪法》第 88 条。

莫桑比克国家教育体系形成今天的模样，教育被赋予培养应对 21 世纪挑战的公民的新目标。

概括来说，当今国家教育体系的主要政策有以下九个方面：①重视学前教育；②小学教育为 6 年；③小学教育可采用双语教学；④义务教育为 9 年；⑤中学教育为 6 年；⑥中学和高等教育可采用远程教学；⑦重视教师教育；⑧重视各阶段的全纳教育；⑨重视职业教育。

莫桑比克的国家教育体系既具有与时俱进的目标，又始终致力于促进教育公平和教育大众化。这体现了独立后莫桑比克政府关于教育工作的主要努力方向：确保每个公民都能接受教育；拓展教育网络，促进教育制度系统化；提高教学质量，不断修订课程计划。然而，实现这些教育理念的过程并非一帆风顺。莫桑比克独立后，阻碍其教育发展的因素有三：第一，缺乏训练有素的教师；第二，许多学生忙于农业生产，无暇接受教育；第三，莫桑比克内战（1977—1992 年）阻碍了教育事业的发展。在内战期间，不少学校作为政府基础设施的一部分，遭到莫桑比克全国抵抗运动党的袭击而被损毁。莫桑比克的文盲率不断上升，国民识字率从 1983 年的 20% 一度下降到 1990 年的 14%。[1]

第二节 格拉萨·马谢尔的教育活动和教育主张

一、人物生平

格拉萨·马谢尔（Graça Machel）是莫桑比克籍政治家和人道主义

[1] MUNGAZI D A, WALKER L K. Educational reform and the transformation of southern Africa[J]. The international journal of African historical studies, 1999, 32(1): 25.

者，1945 年生于莫桑比克加扎省曼雅卡泽市。1976 年与莫桑比克总统萨莫拉·马谢尔结婚，成为莫桑比克第一夫人，直至 1986 年萨莫拉去世。1998 年与南非共和国总统纳尔逊·曼德拉结婚，成为南非第一夫人。2010 年格拉萨·马谢尔被《时代》杂志评为“百大人物”之一，于 2011 年被《卫报》评为“100 名女性活动家”之一。

格拉萨·马谢尔在葡萄牙里斯本大学获得了德语语言学学士学位，毕业后回到莫桑比克任教，并秘密加入莫桑比克解放阵线党，参与到反葡萄牙殖民统治的武装斗争中。1975—1989 年，格拉萨·马谢尔任莫桑比克教育部部长。1986 年莫桑比克开国总统萨莫拉去世后，格拉萨·马谢尔继续其政治活动，并创立了非营利组织“社会发展基金会”。1990 年，她被联合国秘书长任命，负责研究武装冲突对儿童的影响。随后，她投身到人道主义国际事务中。1995 年联合国为表彰格拉萨·马谢尔在救助难民儿童方面的人道主义贡献，为她颁发了南森难民奖。1998 年，因救助在莫桑比克内战中受难的儿童，她被授予了里斯本南北奖。此后，她还在联合国教科文组织、世界卫生组织等国际组织中担任相关职务。在教育活动方面，她于 1999 年担任开普敦大学校长，2012 年担任伦敦大学亚非学院院长，2016 年起担任非洲领导大学校长。

二、教育主张

作为一名教育家和人道主义者，格拉萨·马谢尔将教育视为实现人类社会发展不可或缺的一个环节。她一直倡议各国政府增加对教育事业的投入，特别是在经济欠发达的第三世界国家和地区。她的教育主张主要包括以下三点。

（一）教育是实现社会公平的重要方式

格拉萨·马谢尔一生都奉献于反殖民斗争，以及为非洲妇女和儿童争取平等权益的社会运动中。她认为殖民主义在当今世界仍然存在，而且西方中心论一直对人类社会的方方面面都有着潜移默化的影响。格拉萨·马谢尔认为要改变这样的现状就必须依靠教育的力量。在2014年伦敦大学亚非学院的毕业典礼上，她说："教育为我们播下改变现状的种子，教育让我们对世界的认识更加深刻。教育同时也帮助我们建立起跨越种族、文化和国界的桥梁。对于我来说，教育就意味着力量。"[1]

在众多非洲国家中，妇女与儿童仍然处于弱势地位。由于早婚早孕现象在非洲极为普遍，女性受教育的权利往往无法得到保障。面对这些问题，格拉萨·马谢尔主张大力发展教育事业，她认为只有发展教育，妇女和儿童的权利才能得到保障。在2018年12月于比利时布鲁塞尔举办的联合国世界教育大会上，格拉萨·马谢尔倡议非洲各国政府需认识到教育的重要性，保证教育在不同性别人群的无差异性，努力实现让每一位非洲人都得到教育机会的目标。

除此之外，格拉萨·马谢尔还以个人名义于2010年在南非约翰内斯堡成立了格拉萨·马谢尔基金会。该基金会以推动非洲大陆的教育事业为宗旨，并将工作重点放在提高女性入学率这一问题上。格拉萨·马谢尔基金会于2017年与坦桑尼亚政府建立了合作关系，开始对坦桑尼亚马拉地区的儿童提供第一阶段的帮助。

（二）教育是改变个人命运的重要途径

格拉萨·马谢尔在一个莫桑比克穷人家庭长大，但其母亲坚持送她去

[1] 资料来源于《圣保罗页报》官网。

学校接受正规教育。格拉萨·马谢尔将教育视为“宝藏中的宝藏”。在接受巴西媒体《圣保罗页报》的采访时，她曾直言，倘若母亲没有坚持让她接受教育，那么她现在一定像家乡的很多人一样，食不果腹。格拉萨·马谢尔以自己的亲身经历证明了教育能帮助广大人民走出贫困。她号召莫桑比克青年重视教育的作用，利用知识脱离贫困，改变自己的命运。她指出“教育是青少年面对 21 世纪的机遇与挑战时不可缺少的武器。”[1]

（三）学校教育应与就业市场接轨

格拉萨·马谢尔认为人才的培养应满足新时代的新需求，技能与知识的培养应以就业市场的需求为导向。她指出，每年在莫桑比克和南非都有许许多多的高校毕业生，但是他们的就业情况并不理想，究其原因就在于人才培养和就业市场严重脱节。格拉萨·马谢尔鼓励国家加快教育事业改革的步伐，培养出更多符合时代需求的新型人才。

[1] 资料来源于《圣保罗页报》官网。

第四章 学前教育

第一节 学前教育的发展和现状

学前教育对儿童的全面发展起着至关重要的作用。莫桑比克教育部在《2020—2029 年教育战略计划》中规定莫桑比克学前教育的对象包括所有 0—5 岁的学龄前儿童。由于，莫桑比克政府将学前教育定义为家庭教育活动的补充形式。因此，学前教育在莫桑比克并不具有强制性。

与其他教育阶段相比，莫桑比克学前教育发展缓慢，缺乏相应的研究与重视。本节将从分析影响学前教育发展的因素开始，对莫桑比克学前教育的发展与现状进行介绍。

一、影响学前教育的重要因素

许多因素都深刻地影响着学前教育的质量，其中主要包括以下四点。一是寓教于乐的学习模式。目前在全球范围内，以娱乐及游戏为基础的幼儿学习模式已被广泛接受。但是，这样的教育模式对于许多发展中国家的家长或者教育工作者来说仍然是相对陌生的。例如，莫桑比克的家长和教师自身并没有接受过以游戏娱乐为展现形式的教育，因此，他们普遍认为寓教于乐的学习模式在一定程度上无法达到教育的目的，不具备教育的功能。二是教职工薪资水平。许多发展中国家的早期护理和学前教育工作者的薪资水平都相对较低，在这样的情况下，教师往往工作积极性较低，社会地位较低，这进而导致了学前教育工作者的高离职率以及高人员流动率。三是基础设施建设。一些基础设施对于学前教育来说是必不可少的，如安全的校园环境、环境舒适的教室、能满足儿童与教师日常需求的卫生设施等。四是教育的组织与管理模式。在许多非洲国家，学前教育通常由一些非政府组织进行管理。这样的教育管理模式虽然有利于提升学前教育的入学率、扩大受教育人数，但是其操作成本较高，对硬件设施以及师资都有较高要求。加之非政府组织开展的学前教育常常与当地政府的教育体系分离，这在一定程度上加大了政府的管理与协调难度。因此，提升学前教育质量需以创建高质量的学前教育计划为前提，促使政府与社会各界在该计划的框架下进行协调、稳定的合作。

二、历史沿革

关于莫桑比克开展学前教育的最早记录可以追溯到 1983 年。根据 1983 年相关法律，在莫桑比克国民教育体系中，学前教育属于非义务教育范畴，教育对象以 7 岁以下的儿童为主。在通过《1992 年教育法案》后，学前教育的推行和管理由教育部、卫生部以及社会事务秘书处负责。

近年来，莫桑比克政府对学前教育的重视程度逐步提升，并将发展学前教育视为提高基础教育学生学习质量的解决方案之一。2012 年，在《学龄前儿童全面发展计划》的倡议下，政府批准了学龄前儿童综合发展战略，对儿童营养、母婴健康、艾滋病防治、学前教育，以及社会保障政策进行了规范。[1]

三、发展现状

正如前文所说，在莫桑比克，学前教育被视为家庭教育的补充方式之一，其教育的对象主要包括0—5岁的学龄前儿童。提供学前教育的机构主要包括公立幼儿园、私立幼儿园和小型社区幼儿园。

从目前的学生在册人数、幼儿园数量、财政支持以及师资培养情况上看，莫桑比克国内学前教育水平仍然处于相对落后的状态，学前教育的发展现状并不乐观。

（一）教师及学生人数

莫桑比克接受学前教育的人数比例总体上偏低。2007年的数据显示，莫桑比克全国人口约为2 200万，其中0—5岁的儿童人口占总人口的20%左右，但接受学前教育的儿童仅占0—5岁儿童总人数的4%。2013年，全国接受学前教育的儿童人数约为72 000人，只占0—5岁儿童总人数的5%。

另外，学前教育机构中学生与教师人数也受到地区、机构类型的影响。表4.1和表4.2分别反映了莫桑比克2013年公立幼儿园、私立幼儿园和小型社区幼儿园教师数量以及学生注册情况。[2]

[1] 资料来源于莫桑比克教育部官网。

[2] 资料来源于莫桑比克教育部官网。

表 4.1 2013 年莫桑比克各类幼儿园教师数量

单位：人

省份（直辖市）	公立幼儿园教师			私立幼儿园教师			社区幼儿园教师		
	男	女	总计	男	女	总计	男	女	总计
尼亚萨省	3	7	10	0	0	0	12	43	55
德尔加杜角省	1	5	6	1	13	14	68	127	195
楠普拉省	9	14	23	30	75	105	40	75	115
赞比西亚省	0	0	0	2	16	18	10	51	61
太特省	3	11	14	16	37	53	2	10	12
马尼卡省	0	0	0	22	28	50	54	52	106
索法拉省	0	12	12	15	22	37	46	89	135
伊尼扬巴内省	0	0	0	9	22	31	37	152	189
加扎省	0	4	4	0	15	15	1	97	98
马普托省	0	0	0	116	177	293	48	61	109
马普托市	68	0	68	102	52	154	144	196	340
总计	84	53	137	313	457	770	462	953	1 415

表 4.2 2013 年莫桑比克各类幼儿园学生数量

单位：人

省份（直辖市）	公立幼儿园学生			私立幼儿园学生			社区幼儿园学生		
	男	女	总计	男	女	总计	男	女	总计
尼亚萨省	94	71	165	0	0	0	607	571	1 178
德尔加杜角省	82	78	160	111	112	223	3 150	3 115	6 265
楠普拉省	87	89	176	943	1 042	1 985	1 411	1 535	2 946
赞比西亚省	0	0	0	75	112	187	839	944	1 783
太特省	66	72	138	260	298	558	746	861	1 607

续表

省份（直辖市）	公立幼儿园学生			私立幼儿园学生			社区幼儿园学生		
	男	女	总计	男	女	总计	男	女	总计
马尼卡省	0	0	0	783	626	1 409	5 610	7 843	13 453
索法拉省	148	118	266	921	2 150	3 071	1 903	2 520	4 423
伊尼扬巴内省	0	0	0	424	427	851	2 258	2 730	4 988
加扎省	38	52	90	318	326	644	2 209	2 760	4 969
马普托省	0	0	0	1 910	2 258	4 168	1 912	2 017	3 929
马普托市	310	375	685	3 579	3 222	6 801	2 272	2 262	4 534
总计	825	855	1 680	9 324	10 573	19 897	22 917	27 158	50 075

从表 4.1 和表 4.2 可以看出，在莫桑比克全国范围内，各类学前教育机构的地理分布极其不均衡。社区幼儿园一般广泛分布在大城市的周边或者乡村地区，这类幼儿园的注册学生人数最多，在 2013 年达到 50 075 名。而私立幼儿园一般集中分布在经济较为发达地区（如马普托市），由于私立幼儿园学费较高，所以在册学生人数相对较少，在 2013 年仅为 19 897 名。公立幼儿园数量最少，零星分布在主要的大城市中。由于公立幼儿园数量有限，所以在其中注册学习的学生人数最少，在 2013 年仅为 1 680 名。

接受学前教育的学生男女比例同样值得注意。根据表格数据可以看出，无论是在小型社区学校、公立幼儿园还是私立幼儿园，2013 年在册的女性学生人数都略高于男性学生人数，这从侧面反映了莫桑比克社会正逐步重视女性受教育问题，女性的受教育权利正逐步得到保障。但是，这样的数据并不足以说明莫桑比克女性的受教育状况得到了整体的、根本的改善，从 2013 年莫桑比克教育部公布的数据来看，在全国范围内女性受教育的比例依然明显低于男性受教育的比例。[1]

[1] 资料来源于莫桑比克教育部官网。

（二）机构数量

从学前教育机构的数量上看，莫桑比克公立幼儿园的数量十分有限，难以满足社会对学前教育的需求。截至 2013 年，全国范围内仅有 13 家公立幼儿园。由于公立幼儿园的学费每月仅约为 600—1 500 梅蒂卡尔（约合 9—23 美元）[1]，所以绝大部分的学生选择在公立幼儿园注册学习，这在一定程度上造成了公立幼儿园超负荷的状态。[2] 不仅如此，在莫桑比克的公立幼儿园中还存在只接收政府公务人员子女的情况。莫桑比克学前教育管理较为混乱：一方面，所有公立幼儿园由教育部统一管理；另一方面，国家妇女及社会行动部又对只接收公务人员子女的公立幼儿园进行监督、管理并提供技术支持。

近年来，私立幼儿园和小型社区幼儿园的数量不断增加，特别是在莫桑比克的一些经济较发达的地区，这一情况更为突出。截至 2015 年，在首都马普托市的市郊约有 95 所小型社区幼儿园及 82 所私立幼儿园，学生注册人数分别为 4 534 人和 6 801 人。而此处公立幼儿园的数量为 3 所，学生人数却达到了 685 人。[3]

（三）财政投入情况

对于公立幼儿园来说，莫桑比克政府资金投入长期处于不足的状态，这在一定程度上限制了公立幼儿园数量的增加，不利于莫桑比克学前教育水平的提升。根据政府发展规划文件显示，在 2014 年以前，无论是教育部

[1] 莫桑比克政府 2014 年的数据表明，莫桑比克最低工资根据行业的不同而有所变化，平均最低工资约为 4 000 梅蒂卡尔（130 美元）。

[2] 资料来源于莫桑比克教育部官网。

[3] 资料来源于莫桑比克教育部官网。

还是国家妇女及社会行动部，都没有将学前教育纳入教育财政预算规划中。直到2014年，莫桑比克教育部提出改善学前教育现状的计划，并希望世界银行等外部组织加大对莫桑比克教育机构的资金援助。[1]

在政府拨款严重不足的情况下，绝大部分学前教育机构的收入来源仅仅是学生的学费。例如，莫桑比克加扎省的一所名为夏夏儿童中心的公立幼儿园原计划招收180名2—5岁的学生，但由于资金限制以及缺乏教学设备等原因，实际只接收了90名学生。不仅如此，由于该幼儿园没有得到当地妇女及社会行动部门的资金支持，所以，每名学生每月支付的1 000梅蒂卡尔（约合15美元）学费构成了学校的全部资金来源。[2]资金不足导致该幼儿园长期面临各种问题，如教学硬件设备不完善、教学材料及资源匮乏、师资水平较低、学生餐食单一、卫生条件较差等。

私立幼儿园的资金主要来自莫桑比克本国或者外国的企业，幼儿园以营利为目标。而小型社区幼儿园资金来源呈现多样化的特点，既包括政府的财政拨款，又包括企业或者个人出资的成分。

（四）师资情况

从莫桑比克学前教育的师资情况来看，莫桑比克教育部目前并未对学前教育教师的学历资格做出明确规定。根据国家妇女及社会行动部在2010年通过的《儿童中心条例》有关规定，进入学前教育机构任教的教师应满足以下三个条件：①无传染病；②无危害他人生命的犯罪前科；③无因危害治安或儿童身心健康等原因而被解雇的记录。可以看出，无论是私立还是公立的学前教育机构，对教师的专业水平都没有提出明确的要求。2011

[1] 资料来源于莫桑比克教育部官网。

[2] Programa de Cooperação Sul-Sul pelo Direito à Educação entre Países Lusófonos – Fase 02. Estudo exploratório da situação da educação nos países participantes do PCSS-Lusófonos [R]. Maputo, 2015.

年，妇女及社会行动部对从事学前教育的教师提出了新的要求，具体内容将在下节介绍。

不仅如此，在全国范围内针对学前教育的教师培训项目也仅有一个，即由国家妇女及社会行动部与国家健康部共同推出的、针对学前教育教师的短期培训项目。该项目培训地点只限于首都马普托市，通过该培训项目的教师可取得等同于中等幼师的学历。

虽然有部分教师在完成上述的短期培训项目后选择进入公立及私立的幼儿园工作，但是绝大部分从业教师在正式工作前没有接受过任何专业培训。莫桑比克学前教育教师中相当一部分教师选择在正式工作开始后才报名参加教师培训项目，或者通过有关培训人员到工作所在幼儿园授课而接受培训。但是，由于无法得到政府的财政支持以及教育机构收入状况的限制等原因，除首都外，莫桑比克全国其他省份的幼儿园几乎都无法承担聘请专业人员入园培训的费用，大部分的地方政府也不为从事学前教育的教师提供培训机会或派遣培训人员。

莫桑比克一共有四所大学开设了学前教育专业。这些大学都属于公立性质，学费相对较低，但存在一定的问题。第一，开设学前教育专业的大学都分布在首都马普托市，这在一定程度上限制了非首都地区学前教育的发展。第二，该专业的设置旨在培养教学机构的管理型人才而非师范类人才。所以，这些大学的学前教育专业学生毕业后大多进入学前教育机构的管理层工作，负责管理教育机构的日常事务而非从事一线的教学工作。第三，学前教育工作者的待遇和职业发展状况不容乐观。许多学前教育专业的毕业生由于薪酬较低而不愿意从事学前教育工作。

由此可以看出，尽管莫桑比克政府近年来逐步重视学前教育，并为教师开设了相应的培训项目，部分大学也设有学前教育专业，但是无论是在教师数量上还是师资质量上都无法满足莫桑比克国民对学前教育的需求。

第二节 学前教育的特点和经验

一、学前教育的特点

为了进一步增加接受学前教育的儿童人数，进一步对学前教育的发展进行政策性指导，莫桑比克教育部针对 2012—2021 年国内学前教育发展提出了《学龄前儿童全面发展计划》。通过这项政策的推行情况并结合莫桑比克学前教育发展的历史及现状，可以总结出莫桑比克学前教育发展的过程中集中体现了三个特点，即普遍性、发展性和多方合作性。

（一）普遍性

普遍性是指政府及社会应为所有学龄前儿童的成长及未来发展提供必要的保障，无论儿童的家庭背景如何、儿童先天或后天是否有生理缺陷，所有学龄前儿童都应平等地享有接受学前教育的权利。学前教育问题是儿童成长环节最重要的方面之一。学期阶段所接受的教育对于儿童后期的成长有巨大的帮助，如果学前教育能够尽早开始，并与其个人的整体教育进程中其他环节保持相对的一致性，那么便可以最大限度地缩少不同儿童的认知差距。从这个角度上看，莫桑比克政府推动提升贫困家庭儿童的学前教育入学率不仅是促进教育公平的体现，也是提高学生后期学习阶段质量与效率的举措。

（二）发展性

发展性是建立在如今莫桑比克学前教育较为落后的现实基础之上的。

目前，莫桑比克学前教育存在入学率低、资金不足，以及教育质量不高等问题。要解决这些问题并不可能一蹴而就，改变学前教育相对落后的局面，首先需要让社会大众逐步认识到学前教育在儿童成长中具有不可替代的积极意义，同时也需要政府持续地、积极地调动各方资源，对学前教育进行长期的优化及整合。

（三）多方合作性

多方合作性是指学龄前儿童的全面发展取决于家庭、社区、学前教育机构以及非政府组织之间的相互配合及协调，各方在儿童成长过程中发挥着不同的作用。家庭和社区为儿童提供健康的成长环境，给予儿童被呵护、被关爱以及受教育的机会，为儿童未来的长远发展奠定基础。学前教育机构负责及时并有效地落实教育部制定的各项学前教育政策，特别是国家关于资金投入、技术支持、管理评估等方面的相关政策。而非政府组织则主要为有特殊需求的儿童提供援助。

在优化学前教育和促进儿童全面发展的过程中，不仅莫桑比克教育部参与其中，而且其他政府部门（如妇女及社会行动部、卫生部、农业和农村发展部和住房及公共建设部等）也相互配合，履行着不同的职能。莫桑比克教育部负责制定教学大纲和为学前教育阶段的教师制定专业培训大纲；妇女及社会行动部负责加强教师之间的内部协调合作、提高学龄前儿童的入学率、编写教材、保障学前教育机构的正常运作等；卫生部主要面向家庭和社区，对改善营养不良等健康问题进行宣传教育；农业和农村发展部负责学前教育机构中餐食的供应问题；住房及公共建设部负责学校的选址及建设事宜。

二、学前教育的经验

为了规范学前教育机构的日常教学、提高学前教育机构的办学质量及其师资力量，莫桑比克妇女及社会行动部于2011年提出，从事学前教育的教师须达到以下四项要求：①有意愿全身心地投入学龄前儿童的教育工作；②对国家学前教育工作事业的发展富有责任感；③能够对教育工作进行反思，具有自我批判精神，能在与儿童、家长及学校同事的沟通中完善自己的教学工作；④具有创新精神，能够在教学过程中运用现代化的教学技术与方法。

除了关于教师素质的要求外，妇女及社会行动部对从事学前教育工作的教师的专业能力也提出了一系列的要求：①应熟练掌握葡萄牙语；②应充分认识到学前教师职业在儿童成长过程中发挥的重要作用；③应了解学龄前儿童身心发展的主要特点；④应了解学龄前儿童学习的方式并能在教学过程中激发儿童的学习兴趣；⑤应熟悉莫桑比克本地文化的特点及知晓文化对儿童成长的影响；⑥能够在生活起居上细致地照顾学龄前儿童，特别是在卫生和日常饮食等方面；⑦熟悉学前教育的方法，并能将其运用至日常教学中；⑧有能力独立编写教学材料及开展教学活动，熟悉政府在学前教育领域所提出的各项要求。

为了提升学前教育教师的专业技能、提升莫桑比克学前教育的教学质量，莫桑比克教育部制定了《学龄前儿童全面发展计划》。该计划以加强教师的专业培训以及提升学前教育机构管理水平为目标，同时还强调政府各部门及社会各界相互合作，共同致力于教师及教学机构管理人员的建设工作。

第三节 学前教育的挑战和对策

一、面临的挑战

（一）学前教育缺乏包容性和公平性

莫桑比克学前教育的包容性和公平性长期受到挑战。根据《2020—2029年教育战略计划》，到2023年，莫桑比克政府应确保所有学龄前儿童都能获得高质量的学前教育。但是，截至2020年，莫桑比克的学前教育仅覆盖了约10万名儿童，这些学生主要是在私立或社区幼儿园注册学习，在公立幼儿园接受学前教育的儿童人数极少，仅约1 000名。[1] 对于大多数生活在农村地区的贫困家庭来说，他们无力负担私立学前教育机构所提供的教育服务。公立学校数量有限、私立学校学费高昂，这两方面是造成莫桑比克学前教育低入学率的主要原因，而究其根源，是国家对学前教育的资金投入问题。

在莫桑比克，政府对学前教育资金投入的分配一直是一个存在争议的话题。公立幼儿园虽然由教育部管理，但政府投入不足，幼儿园几乎完全依靠学生的学费来维持运营；私立幼儿园一般也都无法直接享受政府的财政支持。这样一来，资金短缺便限制了学前教育机构的招生人数以及教育质量的提升。

[1] Programa de Cooperação Sul-Sul pelo Direito à Educação entre Países Lusófonos – Fase 02. Estudo exploratório da situação da educação nos países participantes do PCSS-Lusófonos [R]. Maputo, 2015.

（二）对学前教育重要性认识的不足

家长对学前教育的不重视是阻碍莫桑比克学前教育事业发展的又一重要因素。由于莫桑比克人均收入低，学前教育又并非义务教育的一部分，其学费支出对大多数家庭来说无疑是一笔不小的开支。同时，学前教育宣传的缺乏也使大部分家长忽视了学前教育在儿童成长过程中的重要作用。绝大多数莫桑比克家长忽视了学前教育在儿童性格和能力培养方面的积极作用，认为学前教育并非正规教育。因此，在莫桑比克，许多家长更愿意等到基础教育阶段直接送子女接受免费的义务教育。

（三）师资不足且水平低下

大部分的学前教育机构都存在师资不足的问题，并且由于缺乏专业培训，教师普遍缺乏教育学的理论知识，教学方式落后，常常无法独立开展教学活动。虽然莫桑比克有四所大学设有学前教育专业，但这些学前教育专业毕业生的就业去向也导致了莫桑比克学前教育实践的具体问题。绝大多数接受过专业教育的毕业生在进入学前教育机构后只从事行政管理工作，而直接授课的一线教师一般没有接受过与学前教育相关的、系统的高等教育，只参加过短期的培训项目。在一些偏远地区的学前教育机构中，很多教师连短期培训项目也没参加过。师资力量不足使得莫桑比克学前教育质量长期处于低水平的状态。

（四）缺少关于课程大纲的国家标准

近年来莫桑比克政府虽然对学前教育给予了更多的重视，颁布了相关政策、设置了检查标准、成立了监督机构，以规范学前教育机构的办学和运营，但是这些政策和标准一般只侧重硬件设施、教师资质、安全管理、运营许可等方面。莫桑比克目前仍缺乏针对学前教育机构的专门的、国家性质的、统一的课程标准。这在一定程度上限制了幼儿园向更高的办学水平发展。

（五）政府缺乏对学前教育机构的有效治理

莫桑比克学前教育面临的另一个挑战是莫桑比克政府缺乏对学前教育机构的有效治理。莫桑比克国家教育体系的协调性较差，行政体系和学校之间缺乏沟通，这在很大程度上制约了莫桑比克学前教育改革的推进和质量的提高。根据国家教育体系相关规定，教育部与妇女及社会行动部合作，共同为学前教育制定标准、监督教学并提供财政支持。但是，在该规定实施的过程中，各职能部门分工相对混乱，难以高效合作与互相协调。莫桑比克教育部提出在未来创建一支统一的、全国性的教师队伍，其中包括从事学前教育的教师和学前教育体系中的其他专业人员。《2020—2029 年教育战略计划》强调，必须调整教育信息管理系统，以便收集学前教育系统中的各项数据，进而为在全国范围内扩大入学人数并提高教学质量提供必要的数据参考。

（六）学生营养不良问题严重

学生伙食状况不佳也是目前莫桑比克学前教育机构的一个突出问题。由于家庭经济条件的限制，许多莫桑比克儿童都存在营养不良的问题。据 2011 年莫桑比克统计局数据显示，5 岁以下的莫桑比克儿童中有 43% 长期处于营养不良的状态，这样的状况严重影响了儿童的认知发展，并且降低了基础教育的入学率。[1] 大多数父母希望孩子的伙食条件能在学校得到改善。但是，资金困难等问题使许多学前教育机构无法提供丰富的食物，这也是导致家长不愿让孩子去幼儿园接受学前教育的原因之一。

二、应对策略

近年来，莫桑比克开始重视学前教育问题，为应对上述问题与挑战，政府制定了一系列的方针政策来改善国家学前教育的现状。

莫桑比克教育部于 2012 年正式提出“学龄前儿童全面发展”的重要概念，并制定了《学龄前儿童全面发展计划》。这个计划主要针对 0—5 岁儿童，其目的是充分调动政府各职能部门，并积极整合社会各项资源来扩大对学前教育的资金投入，以此保证莫桑比克的儿童从学龄前起就能享有优质的教育。政府在加大对学前教育财政资金投入的同时，努力制定并推行各种短期教师培训项目，提高学前教育师资质量，并在社会上加大对学前教育的宣传力度，让家长认识到学前教育在儿童成长中的重要作用。不仅如此，在“学龄前儿童全面发展”的框架下，莫桑比克政府还考虑将学前教育纳入国家义务教育范畴的可能性。

为应对各项挑战，莫桑比克教育部在 2020 年 5 月出台的《2020—2029 年教育战略计划》中对学前教育提出了两个新的、具体的发展目标。

[1] 资料来源于莫桑比克国家统计局官网。

（一）逐步扩大公平获得学前教育的机会，优先考虑受教育程度较低的地区

《2020—2029 年教育战略计划》明确规定，为促进学前教育公平而制定的政策必须基于对当前学前教育试点项目的评估效果，并规定扩大学前教育规模的计划必须包含以下五个要素：第一，在充分利用可用资源的前提条件下，优先考虑学前教育普及率较低的地区；第二，扩大学前教育的方式须具有一定的灵活性，教育机构应减少对公共资金依赖的情况，各地应以发展最适合当地情况的机构合作与区域合作为目标，将不同类型教育资源（包括社区、非政府组织、私立教育机构等）整合起来；第三，提高学校所提供饮食的质量，降低学龄前儿童的营养不良率；第四，坚持包容性原则，从学前教育的最开始阶段就应注意到性别平等问题和对残障学生的教育问题；第五，加大对学前教育的宣传力度，提高家庭和社区对学前教育重要性的认识。

（二）巩固对学前教育领域的管理

巩固对学前教育领域的管理，具体包括对教育机构的合理规划与管理、对教师的培养与管理，以及完善信息系统三项目标，依据科学的统计数据对《2020—2029 年教育战略计划》中的学前教育的各项要素（如入学率、学龄前儿童人数等）进行有效评估。

为实现上述三个目标，莫桑比克教育部在战略计划中制定了以下四项措施：①拟定相关政策，加大对入学率较低地区的教育投入，同时保障有特殊教育需求的儿童能平等接受学前教育；②根据现有国家层面以及国际层面的经验，改善学校提供给学生的饮食，优化学生在校的饮食结构；③在学前教育体系中加强双语教育建设；④促进不同类型学校（公立、私

立及社区学校）之间人员的流动与相互交流。

三、结语

从总体上看，莫桑比克的学前教育发展进程缓慢，存在一系列的问题，如资金短缺、师资力量较弱、基础设施不完善等。但是近年来，莫桑比克政府正着手从宏观与微观的角度制定和推行各项政策来促进本国学前教育体系的发展。相信随着政府对学前教育重视程度与支持力度的增加，莫桑比克的学前教育一定会有美好的未来。

第五章 基础教育

第一节 基础教育的发展和现状

随着时代的变迁，只强调知识与技能学习的基础教育模式已无法满足新时代对学生的期待与要求。进入 21 世纪以来，世界各国纷纷开启了对学生核心素养的研究，并在此基础上对基础教育进行了新一轮的改革。核心素养包括生活取向、终身学习取向、个人发展取向，以及综合性取向。以核心素养为基础，世界各国和地区推行的基础教育课程改革主要包括课程改革目标的更新、课程内容结构的调整、课程实施过程的创新、课程评价内容与形式的改革。[1]2020 年莫桑比克政府出台《2020—2029 年教育战略计划》，其中，针对基础教育的计划基本涵盖了以上四个方面的内容。

本章所讨论的莫桑比克基础教育包含小学和中学教育两部分。莫桑比克的小学教育[2]分为三个学习周期，共计 7 年。一、二年级属于第一周期，即初小；三到五年级属于第二周期，即中小；六、七年级属于第三周期，即高小。这 7 年又被划分为两个阶段。一到五年级为第一阶段（Ensino Primário 1，简称 EP1）；六、七年级为第二阶段（Ensino Primário 2，简称 EP2）。小学教育

[1] 左璜．基础教育课程改革的国际趋势：走向核心素养为本 [J]．课程・教材・教法．2016（2）：39-46.

[2] 小学教育的葡萄牙语说法是 Ensino Primário、Ensino Básico 或 Ensino Fundamental 等。如果直译，它们的意思是主要的、基础的、基本的教育，但实际上它们指的就是中文语境下所说的小学阶段教育。

分为两班制和三班制：两班制小学通常在上下午进行教学，每节课45分钟；三班制除了上下午上课，还会在晚上上课，每节课40分钟。在莫桑比克，公立小学免费，只有不到2%的小学生在私立或社区小学上学。[1]

完成小学教育的学生可以继续接受普通中等教育（Ensino Secundário Geral）或初级职业技术教育，其中，普通中等教育为本章“基础教育”所涵盖内容。普通中等教育也称中学教育，分为两个阶段。其中八、九、十年级为第一阶段（Ensino Secundário 1，简称ES1），即初中。在完成第一阶段的学习后，学生可以继续攻读包括十一、十二年级的第二阶段（Ensino Secundário 2，简称ES2），即高中，也可参加中级职业技术教育。学生只有在顺利毕业之后，才能进入高等院校学习。为满足年龄更大（超过15岁）的学生对普通中等教育的需求，有些中学设有夜班，以方便学生根据自己的时间安排选择学习。与小学教育不同的是，无论私立中学还是公立中学都收取学费。截至2011年，在私立学校接受普通中等教育的学生占中学生总人数的10%。[2] 近年来，莫桑比克教育部还将远程教育技术引入到中学教育中，然而远程教育的覆盖率仍然较低。

一、历史沿革

纵观葡萄牙殖民统治时期，莫桑比克的教育事业十分落后。莫桑比克的第一批学校是19世纪上半叶由葡萄牙传教士设立的。到19世纪70年代，全国仅有约400名学生。1964年葡萄牙政府宣布，对6—12岁的莫桑比克儿童实施义务教育，并建立了6年制小学和5年制中学的中小学教育体制，但是绝大部分莫桑比克当地儿童上不起学。到1975年独立时，莫桑比克全

[1] 资料来源于莫桑比克教育部官网。

[2] 资料来源于莫桑比克教育部官网。

国的文盲率达到93%，成年人文盲率为85%—95%。[1]高文盲率成为莫桑比克建设和发展的严重障碍，是莫桑比克政府必须予以重点解决的问题。

发展基础教育是独立后莫桑比克政府工作的重点之一，并且在政府的推动下取得了一定的进展。根据1975年的有关法令，莫桑比克政府对私立学校和教会学校实施国有化政策，全部教育设施由政府统一管理，全国实行统一的全日制教育制度，小学阶段推行免费的全民义务教育，政府还在全国各地组织多种宣传活动，努力动员适龄儿童到学校上课学习。所有的孩子都有权利和义务到学校接受教育成为当时全国通行的观念。经过一系列努力，莫桑比克在校小学生人数由1973年的63.4万人增至1979年的149.5万人。[2]然而，女童入学率低依然是一个社会问题。按照莫桑比克传统，女童不得接受学校教育，而应在家中参加劳动，直到结婚出嫁。

1983年，莫桑比克通过制定相关法律政策推进国家教育体系建设。此后，莫桑比克的教育体系才发生了结构性的变化。1983年，全国小学人数为122万，占学龄儿童的60%，中学生人数为13.7万。1986年，小学生人数为125.1万，小学教师人数为2.6万，中学生人数为14.4万，中学教师人数为3 422。1991年，全国小学入学率为58%，中学入学率为7%，小学阶段的学生与教师的比例为58∶1。[3]

尽管基础教育取得了一定程度的发展，但也经历了不少的挫折。内战给莫桑比克带来了巨大的打击，随之而来的经济危机更阻碍了国家教育体系的发展。1983年，莫桑比克全国有5 889所小学，但到1992年时，只有40%的小学能够正常开学，换言之，超过50%的小学网络被破坏或陷入瘫痪，致使50万学生无法上学。[4]在适龄总人口中，小学和中学的总入学率

[1] 张宝增．莫桑比克投资环境及投资状况 [J]．西亚非洲，1998（5）：3-5.

[2] 张宝增．莫桑比克投资环境及投资状况 [J]．西亚非洲，1998（5）：3-5.

[3] OPPONG J S. Africa south of the Sahara [M]. Philadelphia: Chelsea House Publishers, 2006.

[4] CHRISTIE I. Mozambique: land of peace and promise [M]. Maputo: Bureau de Informação Pública, 1996.

从 1972 年的 30% 增加到 1979 年的 52%，但 1995 年下降到 32%（其中男性为 38%，女性为 27%）。1981 年，EP1 的入学率达到 93%，随后几年急剧下降，到 1994 年降至 54%。在校生人数方面，小学生在校人数从 1979 年的 149.5 万人减少到 1991 年的 120 万人。[1]

1990 年，为应对国内危机和时代发展的需要，莫桑比克政府颁布了新宪法，规定接受教育是每个公民的权利和义务，且每个莫桑比克公民接受各种教育和各级教育的机会是平等的。1990 年新宪法推行教育制度改革，鼓励社会团体、宗教团体、企业和私人参与办学。莫桑比克政府推行这样的教育政策是为了让更多的学生能接受学校教育，并改进各阶段教育的教学质量。在基础教育方面，强调逐步实施义务教育，逐步向所有公民提供基础教育，降低文盲率。

为实现这一目标，部长会议根据社会经济发展的实际情况确定了首先实施义务教育的地区。随后，在 1992 年《罗马全面和平协议》签署后，内战结束，莫桑比克政府将工作的核心任务之一确定为修复全国各地的学校，恢复教学秩序，提高学生的入学率。在全国民众的支持和国际社会的帮助下，莫桑比克政府陆续恢复和建设了一批学校，小学教育得到了比较快的恢复。

1995 年，莫桑比克政府通过了《国家教育政策》。《国家教育政策》将推行 7 年小学教育确定为政府的首要任务之一，该政策使国家教育体系得以运作。为了让人们有更多机会接受教育，莫桑比克教育部一直在扩大学校网络。从宏观角度上看，莫桑比克推行教育改革，并着重推行基础教育阶段的义务教育是经济发展、社会进步的必然产物，是国家发展和推动全球治理体系改革的人才培养战略。

1995 年 8 月，莫桑比克部长会议决定扩大教育事业，提高入学率并大

[1] Economic Commission for Africa. Building Africa's information highway: the case of Mozambique, on the Seventh Meeting of the Technical Thirty-first Session of the Commission/Preparatory Committee of the Whole Twenty-second Meeting of the Conference of Ministers [C]. Addis Ababa, Ethiopia: Economic Commission for Africa, 1996.

力培养各级教师，不断提升教学质量。学校和教师严重不足一直是莫桑比克教育事业面临的挑战之一。到 1995 年年底，全国仅有 4 000 所 EP1 学校、200 所 EP2 学校和 48 所高中。在 1996 年第一学期，莫桑比克的中小学教育缺少教师和学校，政府为此紧急培训了 3 000 名新教师并计划新建 1 160 所小学。[1] 这些情况反映出莫桑比克在机构和师资方面的匮乏。

1995 年，全国恢复招生的小学达到了 1983 年招生学校数量的 71%。其中德尔加杜角省达到了 99%，马尼卡省达到了 80%，太特省达到了 78%，赞比西亚省达到了 78%。小学入学率为 40%，其中男生为 45%，女生为 35%；而中学入学率仅为 6%，其中男生为 7%，女生为 5%。到 1997 年，在校小学生人数恢复到 1 899 531 人。虽然此时的在校人数已有所增加，但是教学成果不尽如人意。1997 年，EP1 和 EP2 的平均复读率和辍学率分别达到 25% 和 15%。只有大约 25% 的学生能够读完 EP1 课程，EP2 的毕业率也很低，每 100 名学生中只有 6 名能够毕业。[2]

在教学场所方面，1999 年，莫桑比克已拥有 6 608 所 EP1 学校，超过了 1980 年的 5 730 所，EP2 学校数量也达到历史新高，有 454 所。20 世纪 90 年代中期，莫桑比克每年建设新教室约 1 100 个，但仍低于每年建设 1 500 个新教室的计划，尚不能满足迅速增长的学生人数的需要。然而，1995—1999 年，莫桑比克小学教育的发展情况超过原定相关指标的 25%，新修建学校 2 846 所，全国基础教育机构达到 6 611 所。[3]

在入学率方面，EP1 的入学率持续上升，1999 年达到 85.2%。1999—2003 年，EP1 入学人数增加了 36%，EP2 的入学人数增加了 89%，中学的

---

[1] Economic Commission for Africa. Building Africa's information highway: the case of Mozambique, on the Seventh Meeting of the Technical Thirty-first Session of the Commission/Preparatory Committee of the Whole Twenty-second Meeting of the Conference of Ministers [C]. Addis Ababa, Ethiopia: Economic Commission for Africa, 1996.

[2] 资料来源于莫桑比克教育部官网。

[3] Economic Commission for Africa. Building Africa's information highway: the case of Mozambique, on the Seventh Meeting of the Technical Thirty-first Session of the Commission/Preparatory Committee of the Whole Twenty-second Meeting of the Conference of Ministers [C]. Addis Ababa, Ethiopia: Economic Commission for Africa, 1996.

入学人数增加了一倍。在农村地区，小学入学率在1996—2005年翻了一番，初中入学率10年间增长了5倍，性别差距也明显缩小。根据莫桑比克教育部数据，莫桑比克注册学生数从1992年的120万人增加到2000年的260万人，其中增长幅度最大的是小学阶段注册学生数。[1] 同时，莫桑比克全国文盲率从1975的93%下降至2000年的60%，妇女的文盲率从1975年的95%下降到2011年60%。[2]

然而，在师资方面，莫桑比克仍缺乏教育人才。2000年，莫桑比克仅有42 390名小学教师，其中EP1阶段教师36 187名，EP2阶段教师6 203名。在EP1中，师生比例为1∶16，在某些贫穷的省份，这一比例甚至更高。在EP2中，师生比例为1∶41。在为数不多的教师中，仍有38%的教师没有接受过任何专业培训，大多数EP1教师只在上完小学后接受一年的专业培训即上岗任教。[3]

2003年，莫桑比克教育部针对小学教育、扫盲教育和成人教育推出新课程（Plano Curricular do Ensino Básico，简称PCEB），强调小学教育应该是教育的优先事项，政府力求向每个公民提供小学教育。小学教育在儿童的社会化过程中，在传授诸如阅读、写作和计算等基本知识和能力，传播社会普遍接受的知识经验等方面发挥着重要作用。因此，小学课程必须服务于莫桑比克社会的真正需求，其主要目标是培养能够融入社会生活，并应用所学知识实现个人价值和创造社会价值的公民。

PCEB的内容安排以促进学生技能、知识和价值观的综合发展为宗旨，主要包括交流与社会科学、数学与自然科学、实践与技术活动三个领域。

[1] 资料来源于莫桑比克教育部官网。

[2] 中华人民共和国外交部．莫桑比克国家概况 [EB/OL]. [2021-02-21]. https://www.fmprc.gov.cn/web/gjhdq_676201/gj_676203/fz_677316/1206_678236/1206x0_678238/.

[3] Economic Commission for Africa. Building Africa's information highway: the case of Mozambique, on the Seventh Meeting of the Technical Thirty-first Session of the Commission/Preparatory Committee of the Whole Twenty-second Meeting of the Conference of Ministers [C]. Addis Ababa, Ethiopia: Economic Commission for Africa, 1996.

在交流与社会科学领域设有葡萄牙语、莫桑比克本地语言、英语、音乐、历史、地理和德育课程；在数学与自然科学领域设有数学、生物、化学、物理课程；在实践与技术活动领域设有劳动、美术和体育课程。在语言教学方面，所有小学都会教授葡萄牙语，其中只教授葡萄牙语的小学被称为单语学校；而设有葡萄牙语和莫桑比克本地语言课程的学校则被称为双语学校。两类学校有各自的教学安排。

PCEB 规定的小学教育评估形式有三种，即诊断性测验、形成性测验和总结性测验。诊断性测验在学年、学期、课程、单元初举行，其目的是了解学生的初始学习水平，便于教师根据测试结果因材施教。形成性测验即平时考试，其功能是告知教师其教学目标的实现程度，这些信息有助于教师改善教学过程。总结性测验则在学年、学期、课程、单元末举行，旨在评估学生的学习成果。根据小学七年级举行的总结性测验，并结合平时的形成性测验成绩，学生将收到最终评估结果和证书。然而，由于一些地区，尤其是农村地区，缺少 EP2 学校，许多学生只能完成前五年的小学教育，也就意味着无法获得最终的小学文凭。PCEB 还规定 EP1 结束后也要进行一次总结性测验，以此提高 EP2 的入学门槛，作为国家学校网络完善前的过渡性措施。

莫桑比克政府于 2007 年针对普通中等教育同样推出了新课程，并在此基础上于 2009 年推出《2009—2015 年普通中等教育总战略》。其目标是不仅要衔接课程改革后的小学教育，帮助学生从普通中等教育向高等教育顺利过渡，还要帮助学生实现从学校向社会、生活、工作的过渡，培养能够应对工作模式不断变化、适应基于知识和新技术的现代经济的公民，让他们能够巩固莫桑比克在政治、经济和社会领域取得的发展成果，并为减少家庭、社区和国家的贫困做出贡献。其中，初中教育旨在巩固小学教育所学的知识和技能，让学生为进入高中学习、进入职场或自谋职业做好准备。高中教育同样具有过渡性和实用性，一方面巩固学生在初中所学的知识和技能，另一方面让学生能够在毕业后自立，融入劳动力市场或接受高等教育。与小学教育相比，普通中等教育更具有专业性。

《2009—2015年普通中等教育总战略》提出的课程内容要求同样以促进学生全面发展为目标。初中课程涵盖交流与社会科学、数学与自然科学、实践与技术活动三个领域。具体来说，在交流与社会科学领域，初中开设的科目有葡萄牙语、莫桑比克本地语言、英语、法语、历史、地理和表演艺术课程；在数学与自然科学领域，设有数学、生物、化学和物理课程；在实践与技术活动领域，设有体育、美术、创业、农牧业、旅游业、信息技术课程。高中课程包括通识核心、交流与社会科学、数学与自然科学、美术与表演艺术、职业课程五个领域。在通识核心领域开设的课程有葡萄牙语、英语、哲学入门、数学、信息技术、体育；在交流与社会科学领域，设有莫桑比克本地语言、法语、历史、地理；在数学与自然科学领域，设有生物、化学、物理；在美术与表演艺术领域，设有美术、设计和画法几何；在职业课程领域设有创业、心理学和教育学入门、农牧业、旅游业等。普通中等教育可以通过面授和远程教学两种方式进行。

《2009—2015年普通中等教育总战略》所规定的普通中等教育评估方式具有阶段性、全面性和多样性的特点。该战略提出，评估方式要与日常教学实践、学生特点、学习周期和学习进度相符，应重点采取考察访问、小论文、报告、讲座、辩论、研讨等形式，同时，不同学科的教师之间应相互配合，共同检测教学成果。评估所获得的数据会被及时分析，为找到并解决教学问题提供数据基础。

2009—2019年，莫桑比克基础教育依然面临着重大挑战，基础教育的普及率不尽如人意。尽管EP1的总入学率在2018年达到了129.7%[1]，但EP2的总入学率仅为76.8%，初中的总入学率低于40%，高中的总入学率比初中更

[1] EP1的入学率之所以高于100%，是因为有学生无法在合适的年龄入学，而在非适龄阶段入学接受教育，因而实际入学人数大于适龄学生入学总人数。这一现象会显著提高师生比，加重教师教学的负担。

低。[1] 在这种情况下，莫桑比克政府颁布了《2020—2029 年教育战略计划》，计划指出，政府将进一步努力，确保所有人都能入学，并顺利完成义务教育。

二、发展现状

图 5.1 中关于 2011—2018 年莫桑比克 EP1 入学率和 EP2 入学率的数据反映出近年来小学教育普及程度趋于稳定的情况，但现阶段莫桑比克的基础教育依然存在一些问题。[2]

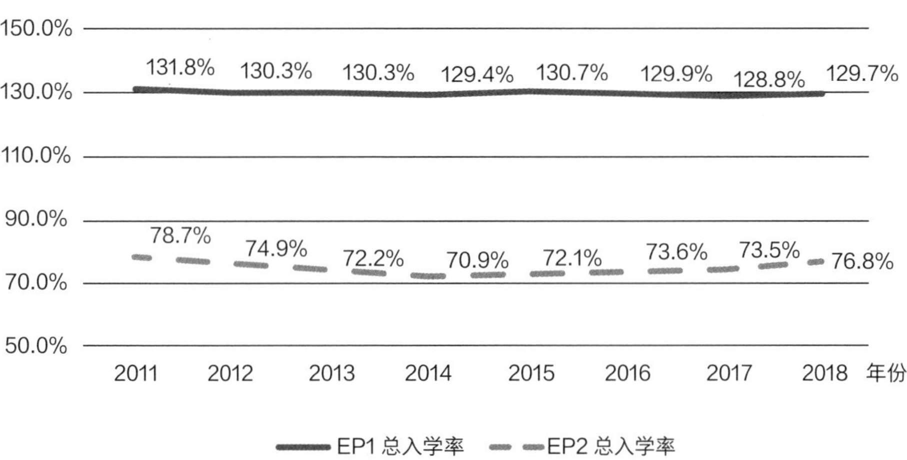

图 5.1　2011—2018 年莫桑比克小学入学率

首先，教育不平等现象依旧存在。贫困家庭、农村地区学生的入学率和毕业率明显低于富裕家庭、城市地区学生。除了不同家庭和地区固有的社会和经济条件差异之外，城市地区教师更为集中也是导致这一问题的原因之一。但是，通过几年的努力，在基础教育的各个阶段，女孩的入学率

[1] 资料来源于莫桑比克教育部官网。

[2] 资料来源于莫桑比克教育部官网。

都有所提高，尤其是普通中等教育女学生入学率从 43% 上升到 49%。[1] 莫桑比克普通中等教育的性别差异在逐渐缩小，男女生接受教育的机会逐渐接近均等。

其次，教学质量依旧不佳。根据莫桑比克教育部的评估，2016 年，只有 4.9% 的三年级小学生掌握了基本的读写能力，相较于 2013 年的水平降低了 6.3%。教师能力有限、教学资源不足、教学监管缺失是导致莫桑比克基础教育质量低下的重要原因。由于部分儿童延迟毕业，完成小学教育的平均所需时间是规定时间（2021 年 1 月 31 日以前，莫桑比克小学教育规定时长为 7 年）的两倍。学业用时的增加意味着学生家庭经济负担的加重和辍学率的上升（在 2018 年，EP1 的辍学率为 8.9%，EP2 的辍学率为 7.4%）。尽管前文提到女生入学率提高，但女生辍学现象依旧严重。这主要是因为她们受到来自传统社会文化中关于性别角色的巨大压力，如早孕和强迫婚姻等情况。94% 的符合入学要求的女孩入学，却有超过一半的女生在小学五年级之前就辍学。在普通中等教育阶段，所有年级的辍学率均降低，十年级和十二年级的不及格率显著降低。但整体教育状况仍然堪忧，在 2017 年，只有 29% 的学生完成了初中教育，13% 的学生完成了高中教育。[2]

最后，自 2004 年开始的远程中学教育的实施情况也不理想。2017 年，仅有 3% 的学生远程接受中学教育。[3] 在莫桑比克，家与学校之间的距离往往超过 40 千米，而且对于大多数家庭来说，接受中学教育所需费用（包括书费、学费、交通费等）超过了家庭的承受范围，而发展远程中学教育将有利于解决因距离和费用导致的低入学率问题。

为应对上述挑战，《2020—2029 年教育战略计划》对基础教育发展做出了如下规划。在小学教育方面，政府确立了三个优先工作，即提高小学教

[1] 资料来源于莫桑比克教育部官网。

[2] 资料来源于莫桑比克教育部官网。

[3] 资料来源于莫桑比克教育部官网。

育的入学率、参与率、巩固率和普及率；提高小学教育的教学质量；优化小学教育的管理机制，提高小学教育的行政能力。预计于2029年实现让所有儿童都能够接受具有包容性的、高质量的小学教育，至少让59%的学生完成小学教育的目标。

在普通中等教育方面，政府同样确立了三个优先工作，即提高普通中等教育的入学率、参与率、巩固率和普及率；提高普通中等教育的教学质量；优化普通中等教育的管理机制，提高普通中等教育的行政能力。预计到2029年，政府将大幅度地增加学生平等接受普通中等教育的机会，确保学生高质量地完成普通中等教育，让学生有能力进入下一阶段的学习、进入社会生活或进入劳动力市场，让至少45%的学生完成普通中等教育。

第二节　基础教育的特点和经验

一、基础教育的特点

莫桑比克基础教育的特点体现为周期性、综合性、本地化、过渡性、多语种教学、职业性、教师的合理分工、教师的连续培养等。

第一，莫桑比克基础教育划分学习周期，并根据学生各个时期的特点和需求发展特定的能力。具体而言，在莫桑比克小学教育的三个阶段中，初小培养学生读、写、算数的能力；中小强化学生在初小所学的知识与技能，并初步引入自然和社会科学；高小除了巩固学生在初小、中小所学知识与技能外，还培养学生未来继续学习、生活和工作的其他针对性能力。在莫桑比克的中学教育两个阶段中，初中巩固小学所学知识和技能，并让学生为走进劳动力市场、参加高中教育做准备；高中巩固初中所学知识和技能，为高等教育做准备，并增加侧重职业知识和技能的培养内容，让学生能够符合职场的更高要求。

第二，莫桑比克基础教育的综合性体现为教育结构、目标、内容、教材和教学实践的彼此配合，并在各个学习领域以清晰且完整的方式培养学生技能、知识和价值观。综合性的另一体现是莫桑比克基础教育的教学计划不仅包括 PCEB 和普通中等教育新课程两个课内课程，还包括课外活动，以及可作为教学参考的诊断性、形成性和总结性测验评估系统。

第三，小学阶段和中学阶段新课程的共同目标之一是通过基础教育培养能为家庭、社区和国家发展做贡献的学生。这一目标体现在具体的教学计划中便是留有一定的时间用以开展本地化的课程。本地化课程的内容必须根据社区的意愿决定，这意味着教育机构要与社区保持长期的协商和沟通，协商后决定的本地课程还需与新课程的教学内容紧密结合。

第四，学习周期之间通过合理评估实现的过渡是基础教育的另一特点。良好过渡和衔接的前提是要创造学习条件，以便让学生能达到特定学习周期的最低目标，并使他们顺利进入下一阶段。创造这些学习条件大多是基于形成性测验的结果。在形成性测验中，教学过程以学生为中心，获得关于学生表现的基本情况并反馈给教师，并使学生能及时自我调整从而顺利进入到下一阶段的学习中。

第五，在任何社会中，只有通过使用学习者最熟悉的语言进行教育，并尊重心理学、教育学和认知学的基本规律，维护学生的文化身份，教育才会成功，这一点体现在莫桑比克的基础教育中便是多语种教学。一方面，葡萄牙语教学是有益于基础教育的。利用发展成熟并在国际上被广泛使用的葡萄牙语进行教学，使莫桑比克教师能够借助葡萄牙语的教材传授较为普遍、成熟的现代知识和技能。另一方面，由于母语决定了个人和地区的文化身份，基础教育阶段的莫桑比克本地语言课程有利于莫桑比克人和特定语言群体形成自身的身份认知，帮助维护他们自身的权益，同时还有利于民族语言和文化遗产的保护工作。除葡萄牙语和莫桑比克本地语言之外，英语也被引入了基础教育的课堂。在全球化的背景下，莫桑比克政府重视英语教学，认为英语作为国际交流语言，被广泛应用于科学、贸易等领域，因此从高小起就开始提供英语教学。

第六，莫桑比克基础教育教学内容的职业性主要体现在普通中等教育中。普通中等教育新课程主张教学与实践结合，培养青年人在工作中能用到的实践技能，培养手工业等职业技能，使学生能够自谋职业。

第七，教学分工明确。例如，莫桑比克小学的中小阶段多由 3—4 名教师教授，每名中小教师可根据自己的专业和偏好教授 3—4 门课程。在职教师还会根据自己的喜好和学校需求，接受在职培训后再增加教授 1—2 门课程。在高小阶段，PCEB 则将原规定的每班 7 名教师缩减至 3 名，以便在国家层面上扩大高小网络。

第八，教师培训连续化。根据莫桑比克法律，教师培训应使教师成为有良知的教育者和专业人士，使教师具有扎实的科学和教学知识，能够教育年轻人。教师培训分为职前培训和在职培训两种。职前培训为未来教师提供教学方法的基础知识，让他们既能够正确、有效地执行教学任务，又能保持持续的自主学习精神。在职培训则旨在更新在职教师的知识和技能，让他们一直具备自主学习的能力，并带动整个学校的革新。新课程强调，教师不仅要掌握教学实践所必需的知识和能力，还必须以一种批判的态度对教学实践过程和教学成果进行分析，并在此基础上改善教学方法和内容。教师的教学创新应是持续的，这样才能在每个阶段适应学生和整个社会的需求。教师培训是逐级负责的。以小学教师培训为例，国家级培训师的主要任务是培训省级培训师、准备培训材料、监督区级培训师的培训和教师培训。省级培训师负责区级培训师 EP1 课程的培训和教师 EP2 课程的培训。区级培训师则负责教师 EP1 课程的培训。换言之，教师 EP1 课程的培训由区级培训师负责，EP2 课程的培训则由省级培训师负责。

二、基础教育的经验

经过近几年的发展，莫桑比克的基础教育努力适应国情，逐渐形成了自身特点，同时又朝着与国际接轨的基础教育体系方向发展。莫桑比克基础教育值得其他国家借鉴的经验主要体现在以下四个方面。

首先，课程内容设置切实可行，根据学生的年龄段特点，以及国家、社会、职场、家庭和学生自身的发展需求，有针对性地安排教学内容和教学重点。

其次，基础教育体系完备，体系内各要素（如教学内容、教材、教学实践和课外活动等）之间有机结合，基础教育体系与其他教育体系过渡自然，相辅相成。

再次，基础教育教学内容以人为本，尊重学生心理和文化差异，不排斥学生使用本民族的语言。

最后，基础教育教学分工明确，并且规定基础教育教师须接受过专业且连续的教师培训。最后一点既是莫桑比克政府下一步基础教育改革的重点之一，也是他国可借鉴并且需引起重视的方面。

第三节　基础教育的挑战和对策

一、面临的挑战

莫桑比克基础教育面临着诸多挑战，其中，小学教育亟待解决的问题体现在以下三个方面。第一，小学教育普及性和公平性缺失。莫桑比克人口增长迅猛，但师资匮乏，不同区域、性别的儿童接受小学教育的状况差别较大。第二，学习质量堪忧。莫桑比克基础教育阶段的学习成果不尽如人意，复读率和辍学率高，教学方法落后。第三，小学教育中存在管理问题，小学管理的问责制度缺失。

莫桑比克普通中等教育面临的主要问题同样也体现在三个方面。第一，普通中等教育普及率低，群众对普通中等教育的需求超过国家配备教室和学校的能力，中学选址偏远，远程中学教育仍不是主流，初中入学率低，学生男女比例失衡。第二，普通中等教育的教学成果差且学生水平参差不齐，具体体现为复读率、辍学率高，女生的成绩普遍比男生的成绩差，贫困、农村地区学生的成绩普遍比富裕、城市地区学生的成绩差。第三，中学行政管理效率低下，教学内容与社会现实需求脱节。

二、应对策略

为应对小学教育所面临的挑战，莫桑比克政府提出了相应的对策。概括起来，就是要确保所有儿童公平地享有接受小学教育的机会，能够完成具有包容性的、高质量的小学教育。政府将致力于保证所有儿童均能公平入学并读完小学的每一个年级；缩小不同区域和不同性别儿童受教育情况的差距；优化教学内容和结构，着重培养学生读、写、算等基础技能和学习生活能力；最大限度调用可支配资源来改善小学行政管理体系。

为解决中学教育中存在的问题，莫桑比克政府提出了三个对策。首先，政府将进一步扩大和完善中学网络，提高中学教育的普及性、公平性和包容性，给予女性和有特殊教育需求的人更多关注和政策支持，并力求在全国范围内基本实现九年义务教育。其次，政府还将提高中学教育的教学质量，让学生毕业后有能力进一步接受高等教育，或者顺利融入到社会生活和劳动力市场中。最后，政府力图在各级管理机构中提升中学教育相关从业人员的行政管理效率和领导能力。

三、结语

总体上看，莫桑比克基础教育仍处于相对落后的水平。在国家战略计划的指导下，莫桑比克的基础教育改革正循序渐进地开展。政府不是盲目地、没有任何准备地大范围开展改革，而是先选择试点学校稳步推进，再将行之有效的措施逐步推广至全国。《2020—2029年教育战略计划》能否实现，改革能否成功，有待时间的检验。

第六章 高等教育

第一节 高等教育的发展和现状

一、历史沿革

（一）葡萄牙殖民时期

莫桑比克作为葡萄牙的前殖民地，其高等教育发展较晚，最早可追溯至 1962 年。1962 年 8 月颁布的法令要求在葡属莫桑比克的首都洛伦索·马贵斯（今马普托市）设立莫桑比克通识大学[1]，这是历史上莫桑比克境内的第一所高等教育机构。随后，根据 1968 年 12 月召开的部长会议公布的法令，莫桑比克政府在通识大学的基础上成立了洛伦索·马贵斯大学。

（二）国家独立后

在 1975 年摆脱葡萄牙殖民统治获得独立后，莫桑比克政府立即在包

[1] 该机构并非真正意义上的大学，1968 年改组成为洛伦索·马贵斯大学后才被正式承认为一所大学。

括教育在内的几乎所有领域颁布了新的政策。为纪念莫桑比克独立运动领袖——莫桑比克解放阵线党首任主席爱德华多·蒙德拉纳，全国唯一的公立大学——洛伦索·马贵斯大学于1976年正式更名为爱德华多·蒙德拉内大学。[1]

1983年，莫桑比克政府进行了第一次教育体制改革，将国内的教育分为普通教育、成人扫盲教育、职业教育、教师教育和高等教育。1985年，教育部设立了高等教育学院，并提出提高教育水平、延长课程时长、发展教师培训事业的具体目标。随着高等教育学院的规模一步步扩大，1995年，高等教育学院改组为莫桑比克教育大学，成为国内第二所公立大学。

随着高等教育学生人数的增加，教育部于1991年颁布了高等教育招生考试的部级条例。1993年，议会通过了莫桑比克第一部高等教育法——《莫桑比克高等教育法》，这为后来国家高等教育委员会的设立和各机构组织章程的制定提供了法律框架。

自1987年起，莫桑比克开始实行市场经济，这使得私营企业有机会参与到社会经济和文化中。在这样的背景下，私立大学孕育而生。1993年颁布的《莫桑比克高等教育法》明确规定，莫桑比克的高等教育机构包括公立和私立两种类型。自此，在莫桑比克境内开设私立大学得到了法律上的保障。

从高等教育发展的角度看，莫桑比克政府批准建立私立高等教育机构有利于进一步扩大莫桑比克高等教育的规模。但是，直到1996年莫桑比克境内才正式建立第一批私立高等教育机构：莫桑比克理工大学高等学院和莫桑比克天主教大学。

[1] 解放阵线党首任主席名与该大学校名葡萄牙语一致，但中文通行译名用字不同。

二、发展现状

根据《莫桑比克高等教育法》的规定，为满足国家发展的需要，高等教育的目标旨在培养掌握不同学科专业知识的高端人才。

（一）入学方式

学生在进入高等教育机构学习前，需完成12年的小学与中学教育，或者小学与中等技术教育（同等学力皆可）。

各公立大学统一组织的入学考试是莫桑比克公立高校选拔学生的重要方式。该考试根据平均成绩的高低以及各专业的招生人数情况来合理、公平、公正地录取学生。爱德华多·蒙德拉内大学下属的大学入学考试部负责管理与考试相关的一切事务，并在每年考试结束后将学生的最终成绩从高到低进行排名，以此确定各公立大学的最终录取名单。

从报考人数上来看，2014年的统计结果显示，在2013—2014学年报考爱德华多·蒙德拉内大学和莫桑比克教育大学的考生人数最多，分别约为26 000人和36 000人。但是这两所大学拟招的本科生人数十分有限，分别为4 765人和8 000人，因此进入这两所大学的竞争是十分激烈的。[1]

在考试内容方面，不同专业对考试科目的要求各不相同。一般来说，本科专业根据课程要求规定考生选考两门课程（数学、历史、葡萄牙语等），考生的最终成绩一般取这两个科目的平均分或加权平均分（权重可能根据专业性质的不同而做出适当调整），考试成绩在报考不同公立学校时可通用。在志愿填报方面，每位考生最多可以同时报考三所大学，每所大学最多可报考两个不同专业，但最终只可以选择一个专业注册入读。在第一

[1] 资料来源于莫桑比克教育部官网。

阶段录取结束后，各大学可根据实际录取情况进入补录环节，在补录环节中同样以大学入学考试的成绩作为标准，从高到低依次录取。但由于补录过程耗时较久，所以经常出现报考学生在开学几个月后才收到录取通知的情况。[1]

私立大学的录取方式与公立大学不同，计划进入私立大学深造的学生一般不需要参加统一的选拔考试。但是，近年来，莫桑比克教育部也计划将报考私立大学的学生纳入与公立大学相似的选拔机制中。

（二）学制与管理

学士学位课程一般为三至五年，硕士学位课程一般为两年，博士学位课程一般为三至四年，但实际修读年限根据不同专业的要求有所不同。

公立及私立高等教育机构均接受教育部的统一管理，但各教育机构在教学、财政和行政管理上享有一定的自主权。各高等教育机构的校长由部长会议统一选举产生。在高等教育机构的财政投入方面，各公立大学应对国家所投入的公共财政资金合法、合理地管理和使用，并及时上报其资金的使用情况。

（三）生源情况

进入 21 世纪以来，莫桑比克高等教育机构数量以及注册学生人数都迅速增长。图 6.1 为 2000—2010 年莫桑比克高等教育机构计划招生人数与实际入学人数情况。[2] 可以看出，在这十年里，莫桑比克高等教育机构实际入

---

[1] GOUVEIA L, SALIMO G. Ensino superior em Moçambique: os desafios da gestão na era digital [R]. Porto, Portugal: TRS, Tecnologia, Redes e Sociedade, 2016.

[2] 资料来源于莫桑比克教育部官网。

学人数连年上涨，特别是从2006年开始，实际入学人数剧增，远远超过莫桑比克各个大学的计划招生人数。

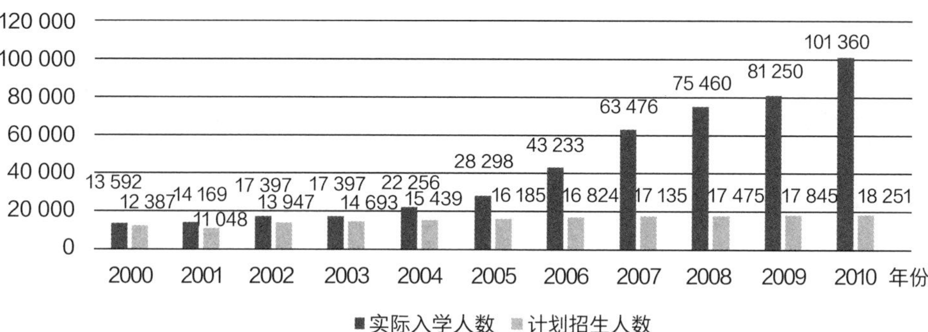

图6.1 2000—2010年莫桑比克高等教育机构计划招生人数与实际入学人数

与此同时，莫桑比克高等教育机构也处于不断增加的状态。据统计，2000年莫桑比克只有9所高等教育机构，注册人数为13 592人，而到2010年，全国高等教育机构数量达到44所，注册学生人数超过10万人。截至2017年，莫桑比克共有49所高等教育机构，其中公立高校18所，私立高校31所。[1]

从注册学生的性别来看，21世纪以前，男性接受高等教育的比例远高于女性。据统计，在1999年，接受高等教育的男性大概是女性的1.8倍；在公立大学，这种性别差距更明显，男性学生约为女性学生的4倍。然而，进入21世纪以来，莫桑比克接受高等教育的女性人数比例在波动中有所上升。表6.1反映了2002—2010年莫桑比克高等教育机构注册学生总数和女学生人数情况。[2]

[1] SALIMO G, GOUVEIA L B. Contributos para o ensino superior em Moçambique: os desafios da era digital[C]. Maputo, 2017: 4-8.

[2] 资料来源于莫桑比克教育部官网。

表 6.1 2002—2010 年莫桑比克高等教育机构注册学生总人数、女学生人数和占比

年份	2002	2003	2004	2005	2006	2007	2008	2009	2010
学生总人数	17 397	17 397	22 256	28 298	43 233	63 476	75 460	81 250	101 362
女学生人数	3 516	3 516	7 022	9 376	14 531	24 201	29 106	30 826	38 852
女学生占比	20.2%	20.2%	31.6%	33.1%	33.6%	38.1%	38.6%	37.9%	38.3%

虽然 2002 年与 2003 年女学生的比例保持不变，相对于 2001 年下降了 12.8%，但是整体而言，莫桑比克高等教育机构女学生比例从 2000 年的 6.7% 提升到了 2010 年的 38.3%。[1]

除此之外，不同专业的男女学生比例也存在一定的差异。表 6.2 和表 6.3 以 2013—2014 年的数据为例，分别展示了这期间公立与私立学校中不同专业的男女学生人数。[2]

表 6.2 2013—2014 年莫桑比克公立大学不同专业的男女学生数量

学科	学生人数					
	2013 年			2014 年		
	男	女	总计	男	女	总计
教育学	3 820	4 623	8 443	4 653	3 039	7 692
文学艺术	451	367	818	515	338	853

[1] SALIMO G, GOUVEIA L B. Contributos para o ensino superior em Moçambique: os desafios da era digital[R]. 8º Congresso Luso-Moçambicano de Engenharia/V Congresso de Engenharia de Moçambique, Maputo, 2017: 4-8.

[2] 资料来源于莫桑比克教育部官网。

续表

学科	学生人数					
	2013 年			2014 年		
	男	女	总计	男	女	总计
社会科学	4 709	4 265	8 974	4 436	4 368	8 804
自然科学	1 096	342	1 438	1 089	380	1 469
工程及建筑	1 585	283	1 868	1 655	346	2 001
农学	642	299	941	695	750	1 445
体育	330	249	579	495	223	718
社会服务	495	156	651	15	9	24
总计	13 128	10 584	23 712	13 553	9 453	23 006

表 6.3 2013—2014 年莫桑比克私立大学不同专业的男女学生数量

学科	学生人数					
	2013 年			2014 年		
	男	女	总计	男	女	总计
教育学	226	233	459	1 881	1 223	3 104
文学艺术	426	170	596	88	79	167
社会科学	4 418	5 311	9 729	5 758	7 632	13 390
自然科学	38	9	47	768	232	1 000
工程及建筑	768	339	1 107	954	334	1 288
农学	70	40	110	459	869	1 328
体育	211	374	585	6	23	29
社会服务	7	9	16	0	0	0
总计	6 164	6 485	12 649	8 495	9 166	17 661

从表 6.2 和表 6.3 可以看出，无论是在公立学校还是在私立学校，自然科学专业和建筑专业女学生人数都较少。

尽管莫桑比克高等教育的注册总人数以及女学生比例在逐年提高，但与南部非洲发展共同体其他国家相比，仍然处于较低水平。以 2015 年为例，表 6.4 反映了莫桑比克及其他撒哈拉以南的非洲国家高等教育机构的净入学率以及男女学生比例。可以看出，莫桑比克高等教育的净注册率仅为 6%，低于大部分其他的撒哈拉以南非洲国家。[1]

表 6.4 2015 年部分撒哈拉以南的非洲国家高等教育机构的净入学率以及男女学生比例

国家 / 地区	总计	男性	女性
安哥拉	9%	10%	8%
博兹瓦纳	23%	19%	28%
刚果（金）	7%	9%	4%
莱索托	10%	8%	12%
马达加斯加	5%	5%	5%
毛里求斯	37%	32%	42%
莫桑比克	6%	7%	5%
塞舌尔	14%	9%	20%
南非	19%	16%	23%
斯威士兰	5%	5%	5%
坦桑尼亚	4%	5%	2%
津巴布韦	8%	9%	8%

[1] 资料来源于莫桑比克教育部官网。

续表

国家 / 地区	总计	男性	女性
南部非洲发展共同体总体情况	9%	9%	8%
撒哈拉以南非洲总体情况	8%	10%	7%
低收入国家总体情况	8%	10%	5%
中等收入国家总体情况	33%	31%	35%
高收入国家总体情况	74%	66%	82%

另外，高等教育学生的人数在莫桑比克各省份（直辖市）之间也相差较大。如表 6.5 所示，在 2010 年，莫桑比克全国 55% 的大学生都集中在首都马普托市，16% 分布在索法拉省，其余大学生零星分布在其他省份。[1]

表 6.5 2010 年莫桑比克各省份（直辖市）大学生占全国大学生总人数比例

省份（直辖市）	百分比
马普托市	55%
索法拉省	16%
楠普拉省	8%
赞比西亚省	5%
加扎省	3%
马普托省	3%
尼亚萨省	3%
伊尼扬巴内省	3%
马尼卡省	2%
德尔加杜角省	1%
太特省	1%

[1] 资料来源于莫桑比克教育部官网。

以上数据反映了莫桑比克政府在《2012—2016/2019 教育战略计划》中指出的问题，即莫桑比克的高等教育发展面临诸多挑战，如学生注册率低、毕业率低、师资水平欠佳以及高等教育与国家发展需求之间存在断层（人文类专业与理工类专业的数量不平衡、毕业生就业率低）等。

（四）研究生教育

从 2001 年开始，莫桑比克部分高校开始提供硕士研究生课程，但是规模较小。从 2006 年起，莫桑比克的高校开始招收博士研究生。表 6.6 展示了 2001—2010 年莫桑比克在册研究生人数。在 2010 年，研究生学生数量占高等教育注册学生总数的 4.5%，其中，2 514 名为硕士研究生，34 名为博士研究生。[1]

表 6.6 2001—2010 年莫桑比克在册研究生人数

年份	2001	2002	2003	2004	2005	2006	2007	2008	2009	2010
硕士人数	10	132	368	454	544	484	711	999	2 030	2 514
博士人数	0	0	0	0	0	26	27	27	30	34

虽然从全国范围看，研究生的规模较小，但是无论是硕士还是博士人数都呈现出逐年上升的趋势。莫桑比克教育部曾预计，到 2020 年，莫桑比克全国应有大约 10 000 名学生攻读硕士学位或博士学位。[2]

[1] 资料来源于莫桑比克教育部官网。

[2] 资料来源于莫桑比克教育部官网。

（五）师资状况

正如前文所述，在2000—2010年，莫桑比克高等教育机构注册学生人数迅速增长，但是，教师数量的增长速度却远远低于学生数量的增长速度。表6.7展示了2004—2010年莫桑比克高等教育阶段教师的人数情况。[1]可以看出，在2004—2010年，莫桑比克的高校教师人数约翻了一倍，但与此同时，学生数量增长了8倍，师生比例严重失衡。

表6.7 2004—2010年莫桑比克高等教育阶段教师人数

年份	2004	2005	2006	2007	2008	2009	2010
高校教师人数	1 188	1 389	1 479	1 675	1 800	2 069	2 664

除高校教师相对于学生数量严重匮乏的情况外，高校教师的学历结构问题也同样值得注意。如表6.8所示，莫桑比克高校教师的学历水平普遍偏低。高校教师中最高学历为学士的占比最大（67%），而拥有硕士研究生学历和博士研究生学历的人数较少，分别为22%与11%。[2]

表6.8 莫桑比克高校教师学历结构

高校教师最高学历	本科学历	硕士研究生学历	博士研究生学历
占比	67%	22%	11%

[1] 资料来源于莫桑比克教育部官网。

[2] 资料来源于莫桑比克教育部官网。

综上，莫桑比克高校教师的数量相对于学生数量来说较少，远远无法满足学生对高等教育的需求，且由于教师本身学历较低，在一定程度上也限制了该国高等教育事业的发展。

（六）资金来源

莫桑比克的公立高等教育机构依靠国家财政投入和其他外部资金而运营。就国家财政投入而言，1999 年制定的第一个高等教育战略计划规定，国家预算中的 15% 分配到教育部门，而这一数额分配中的 24% 用于高等教育。2010 年制定的第二个高等教育战略计划规定，国家预算中的 15.8% 用于教育投入，其中，对高等教育的投入占教育总预算的 18.6%。[1] 公立高等教育机构的另一个资金来源渠道是以信贷或国际援助为主要形式的外部融资，包括教育部直接或间接分配给国家和国际各级教育机构的资金。例如，莫桑比克的第一个高等教育战略计划主要通过世界银行高等教育项目 1（Higher Education Project 1）资助而完成。

对于私立的高等教育机构来说，学校主要通过创办人个人筹措的资金、银行的贷款、学生支付的学费等来维持运营。

（七）针对高等教育机构的法律法规

在 1993 年之前，只有一般性法律对高等教育进行规范，其中主要包括 1983 年批准的法令以及 1992 年批准的法令。到 1993 年，莫桑比克通过了第一部关于高等教育的专项法令，该法令也是莫桑比克国内第一部关于建立和规范私立高等教育机构的法令。该法令在通过后进行了两次修订，从

[1] 资料来源于莫桑比克教育部官网。

而产生了2003年批准通过的法令以及于2009年通过的法令。目前，2009年的法令仍然在使用中，1993年的法令以及2003年的法令已被废止。

除了以上专门的法令外，莫桑比克还陆续批准通过了其他与高等教育相关的法规。例如，2007年的法令旨在保障与提高莫桑比克高等教育的质量，2010年的3个法令分别确定了国家高等教育资格认证框架、建立了莫桑比克高等教育的学分互认规则、明确了高等教育机构的职能。

总体上看，莫桑比克针对高等教育的法令都有一个共同特征，即它们旨在规范公立与私立两种类型的高等教育机构，而并非专门针对某一类型高等教育机构而颁布特定的法律法规。这一特点从侧面体现了莫桑比克高等教育体系的整体性，私立高等教育不被视为一个独立的部门，而是国家整个高等教育体系的重要组成部分。

三、公立大学

目前，莫桑比克共有九所公立大学，分别是爱德华多·蒙德拉内大学、马普托大学（或称莫桑比克教育大学）、若阿金·希萨诺大学、利古贡大学、卢里奥大学、庞圭大学、罗武玛大学、萨夫大学和赞比西大学，其中历史最悠久、影响力最大的是爱德华多·蒙德拉内大学和马普托大学，了解这两所大学有利于了解整个莫桑比克的高等教育体系的模式与框架。

（一）爱德华多·蒙德拉内大学[1]

爱德华多·蒙德拉内大学是位于莫桑比克首都马普托市的一所公立大

[1] 资料来源于爱德华多·蒙德拉内大学官网。

学，同时也是莫桑比克最古老的高等教育机构。在 2016 年世界大学网络排名中，爱德华多·蒙德拉内大学在莫桑比克国内大学中排第一位，在非洲葡语国家大学排名中也排第一位。

在建校历史方面，爱德华多·蒙德拉内大学的前身是依据 1962 年 8 月通过的法令而成立的莫桑比克通识大学。莫桑比克通识大学并非真正意义上的大学，直到 1968 年，莫桑比克通识大学升级为大学，并更名为洛伦索·马贵斯大学。1976 年 5 月 1 日，校长萨莫拉·莫伊斯·梅切尔将其重新命名为爱德华多·蒙德拉内大学，以纪念莫桑比克民族解放英雄爱德华多·蒙德拉纳。

在学院设置方面，爱德华多·蒙德拉内大学包括农学院、建筑学院、科学院、法学院、经济学院、哲学院、教育学院、工程学院、文学院、医学院与兽医学院 11 个独立学院，以及包括艺术传播高等学校、体育科学高等学校、海洋科学高等学校、城乡发展高等学校、旅游科学及酒店管理高等学校和商学高等学校 6 所高等学校。它们互相协作，共同负责从本科到博士研究生阶段的教育以及各类学术科研活动。

就师生情况而言，截至 2018 年，爱德华多·蒙德拉内大学注册在读的学生共有 39 391 名，其中本科生 35 596 名，硕士研究生 3 644 名，博士研究生 151 名。教员职称分为教授、副教授、讲师与助教。在职教师共有 1 717 名，其中外籍教师 48 名。从教师的学历构成上看，1 264 名在职教师中，本科学历 310 名，硕士研究生学历 587 名，博士研究生学历 367 名。

（二）马普托大学 [1]

马普托大学是莫桑比克境内的主要公立大学之一。它是莫桑比克第一

[1] 资料来源于马普托大学官网。

所也是目前唯一专注于师范教育的大学。根据该机构的成立法令，其正式名称是马普托大学，但通常被称为莫桑比克教育大学。马普托大学的总部和主校区位于莫桑比克首都马普托市，直到2019年，该大学才在莫桑比克的其他省份陆续建立分校区。

在建校历史方面，根据1985年12月4日的法令，马普托大学正式成立。它最初名为高等教育学院，是一所致力于为整个国家教育体系中各个层级的教师提供师范教育的高等教育机构。在学院成立之初，它的运营及管理主要由位于马普托市的若阿金·若泽·马查多预备学校负责。1989年，高等教育学院位于贝拉市的分校开始招收学生。自此，高等教育学院成为第一家在首都以外设立校园的高等教育机构。1995年，高等教育学院正式成为一所大学，并改名为莫桑比克教育大学。2019年，在行政改革之后，莫桑比克教育大学在首都外的分校被改为如今的利古贡大学、庞圭大学、罗武玛大学和萨夫大学。而保留在首都马普托市的主校区随之更名为现在的马普托大学。

在学院设置方面，马普托大学包括教育及心理学学院、语言传播及艺术学院、自然科学及数学学院、环境学院、社会科学及哲学学院和体育教育学院6个独立学院，以及科技高等学校和会计管理高等学校2所高等学校。

在学生情况方面，2007年，马普托大学共有31 695名在校本部就读的学生以及506名远程教育学生。在2007年该校全体注册学生中（包括在本部就读的全日制学生与远程教育的学生），共有7名国际学生，包括3名来自南部非洲发展共同体国家的学生和4名来自南部非洲发展共同体国家以外的其他国家的留学生。

四、私立大学

自1975年莫桑比克正式独立到20世纪90年代中期，莫桑比克所有的高等教育机构都属于公立性质。随着经济体制改革，20 世纪 90 年代中期，莫桑比克开始出现私立高等教育机构。这不仅使得莫桑比克高等教育机构的数量有所增加、类型得到丰富，同时，从莫桑比克高等教育整体格局的角度看，私立高等教育机构的出现创造了教育领域的竞争环境。

（一）私立高等教育机构的数量和类型

莫桑比克私立高等教育机构的建立始于 1995 年，随后迅速发展。莫桑比克官方数据显示，在 2014 年，全国范围内共有 28 所私立高等教育机构与 18 所公立高等教育机构。图 6.2 统计了 1995—2013 年莫桑比克新增私立高等教育机构的数量。可以看出，2005 年和 2008 年的数据达到最高值，2005 年和 2008 年都分别新增了 5 所私立高等教育机构。[1]

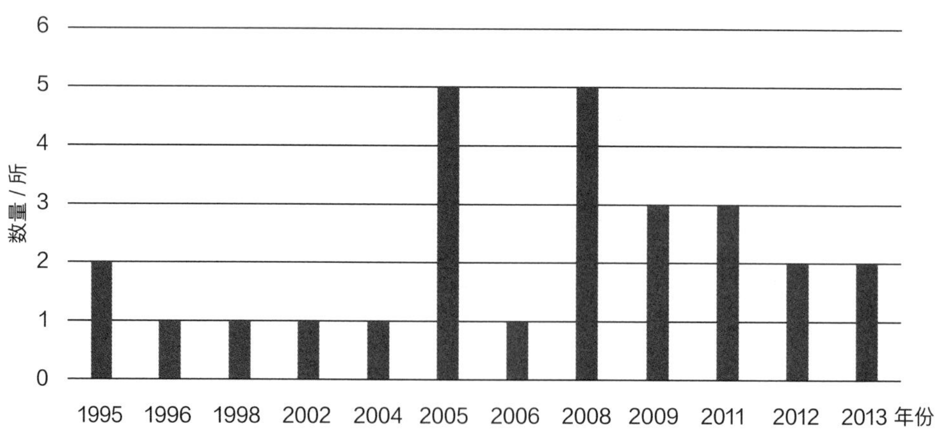

图 6.2 1995—2013 年莫桑比克新增私立高等教育机构数量

从私立高等教育机构的地理分布情况来看，截至 2014 年，全国 28 所私立高等教育机构中有 18 所位于首都马普托市，而位于马普托市的这 18 所私

[1] LANGA P V, ZAVALEN C. Private higher education in Mozambique: an overview of a growing subsystem[J]. Working papers in higher education studies, 2005, 1(2): 89-109.

立机构中，仅有 5 所在莫桑比克的其他省份开设了分校。[1] 虽然大部分的私立高等教育机构都选择在首都马普托市建校，但莫桑比克其他经济较为发达的地区也同样吸引着私人投资者对高等教育的资金投入。例如，有部分私立高等教育机构建在莫桑比克的第二大城市贝拉市，该市经济处于全国较高水平，人均收入较高，学术型人才相对集中。

莫桑比克的私立高等教育机构可根据法律、所有权以及营利性三方面划分成不同的种类。

从法律角度划分，根据 2009 年、2010 年的法令，莫桑比克的私立高等教育机构可以分为大学、高等学院、高等学校、理工学院和一般学院。这些类型的划分主要是依据两个标准：①该机构课程设置的类型（研究型或是应用型）；②该机构可以授予的学位类型。一般来说，大学和高等学院既可以提供研究型课程，又可以开设以技能培训为主的应用型课程，而高等学校、理工学院以及一般学院只提供专业技术类培训的应用型课程。从授予的学位类型上看，只有大学可以授予博士学位，其他四类高等教育机构只能授予学士学位以及硕士学位。

从私立高等教育机构所有权的角度上看，2009 年的法令规定，莫桑比克的私立高等教育机构可以归商业公司、协会或基金会所有。根据该规定，莫桑比克的私立高等教育机构至少可以分为三种类型：①由商业公司开办的高等教育机构；②由宗教团体（主要是天主教和伊斯兰教）开办的高等教育机构；③由外国高等教育机构开办的私立高等教育机构。2014 年统计数据显示，在莫桑比克的 28 所私立高等教育机构中，为商业公司所有的机构占绝大多数，其数量达到 19 所。除此之外，还有天主教学校、伊斯兰教学校、外国机构办学的学校等。[2]

[1] LANGA P V, ZAVALEN C. Private higher education in Mozambique: an overview of a growing subsystem[J]. Working papers in higher education studies, 2005, 1(2): 89-109.

[2] LANGA P V, ZAVALEN C. Private higher education in Mozambique: an overview of a growing subsystem[J]. Working papers in higher education studies, 2005, 1(2): 89-109.

从营利性角度看，莫桑比克的私立高等教育机构可以分为营利性和非营利性两类。营利性机构通常不从莫桑比克政府获得资金，而是像一般企业一样运作。非营利机构通常具有一定的宗教性质（天主教或伊斯兰教），一般学费较低，并接受财政捐助。

（二）私立高等教育机构的注册情况

莫桑比克教育部统计数据显示，2000 年该国的各类高等教育机构在校学生总人数约为 12 000 人，其中私立高等教育机构学生人数约 5 000 名。到 2004 年，莫桑比克高校在校总人数增加到 22 256 人，其中私立高等教育机构人数增加到 7 143 人。2012 年，莫桑比克入学总人数增加到 123 779 人，其中私立高校的入学人数增加到 42 203 人，在这期间，私立高校入学人数占总入学人数的 34.1%。[1]

（三）私立高等教育机构的课程设置

私立高等教育机构提供从人文学科到工程学科的不同专业课程，总体而言，商业、人文、教育、法律和社会学相关领域的专业种类更加丰富齐全，部分私立高等教育机构只提供与商业、法律和社会科学相关的课程。2012 年，在莫桑比克天主教大学入学的 9 553 名学生中，报读商业、法律和社会科学相关课程的学生约 8 000 名，其余 1 000 余名学生报读了理工科专业，在这 1 000 余名理工科学生中，工程和卫生领域相关专业的学生相对较多。[2]

[1] 资料来源于莫桑比克教育部官网。

[2] LANGA P V, ZAVALE N C. Private higher education in Mozambique: an overview of a growing subsystem[J]. Working papers in higher education studies, 2005, 1(2): 89-109.

莫桑比克私立高等教育机构的文科类专业与理科类专业开设数量不平衡的现象在一定程度上与学校的财务状况有关。专业的设置既要考虑到吸引学生的可能性，也要考虑到高校在教学材料、设施设备方面的投资能力，而与文科专业相比，理工专业的建设对教学硬件设备的要求更高，实验室、设备与器材等需要投入较多资金，因而私立高校设置的理工类专业较少。

第二节 高等教育的特点和经验

总体来看，进入21世纪以来，莫桑比克的高等教育体系发生了根本性的变化，突出表现为接受高等教育的学生人数以及高等教育机构数量的迅速增加。尽管如此，高等教育的发展过程中依然存在诸多问题，如学生入学率低、毕业率低，教学方式单一、缺乏教学创新，师资欠缺、国外优秀的教研人才难以被吸引到莫桑比克任教等。

一、高等教育的特点

（一）高等教育起步晚

莫桑比克作为葡萄牙前殖民地，其高等教育起步的时间与其他英法殖民地相比较晚。在20世纪50年代，英国和法国相继在其殖民地开设大学，而作为葡萄牙殖民地的莫桑比克在1962年才拥有了境内的第一所高等教育机构，即莫桑比克通识大学，入读的学生多为葡萄牙人后裔。直到国家独立前，莫桑比克的高等教育体系都带有浓厚的葡萄牙殖民色彩。1975年脱离葡萄牙统治后，莫桑比克花费了大约40年的时间构建起自己的高等教育体系。时至今日，莫桑比克的高等教育体系依然无法完全摆脱殖民时期遗留下来的一些问题，如高校教学语言以葡萄牙语为主，忽视民族语言的情况。

经过 40 余年的努力，如今莫桑比克的高等教育与葡萄牙殖民时期的高等教育相比有了极大的进步。例如，在殖民时期，学生常常由于种族隔离等原因无法进入高等教育机构学习。国家独立后，不同性别、肤色、地区或是宗教信仰的学生都有权利接受高等教育。

（二）高等教育的普及率低

高等教育在莫桑比克普及率仍然较低。根据上文列举的数据可知，莫桑比克大学的净注册率仍然处于较低水平。莫桑比克和其他国家在大学净注册率上的巨大差距反映了其社会结构及经济条件的现状。由于社会条件的限制，绝大部分的莫桑比克学生依然没有接受高等教育的机会，莫桑比克普及高等教育任重道远。

（三）高等教育机构的科研能力较弱

莫桑比克各高等教育机构的科研能力有限，创新意识不强，高等教育机构大多以教学为主要任务，科学研究在高等教育事业中并未占据重要地位。无论是人文还是理工科专业，教师工作大多集中于教学，教授内容一般仅限于课本知识，在教学过程中缺乏批判性思维及创新精神。在这种传统的教学模式下，教师是教育过程的核心，学生缺乏主动学习的精神。此外，莫桑比克互联网普及率较低，这在一定程度上影响了教师更新教学模式的速度，进一步限制其提升科研能力。

放眼整个非洲大陆，莫桑比克各高等教育机构参与国际科研工作的活跃程度普遍低于其他国家与地区，科研成果数量极其有限，在国际知名学术期刊上发表的论文数量也处于世界较低水平，各高等教育机构在研究能力方面还有较大的提升空间。

二、高等教育的经验

（一）增加高等教育机构的数量，提高学生的入学率

近年来，莫桑比克政府加大对高等教育的投入，加大高校建设的力度，高等教育机构的数量和学生数量持续上升，特别是进入 21 世纪以后，无论是公立大学还是私立大学的数量都显著增加。

（二）分散式建校，应对学生人数激增的情况

莫桑比克大学生人数逐年增加，许多高等教育机构出现了超负荷的情况。据统计，约 75.8% 的莫桑比克学生选择在公立高等教育机构就读，私立高等教育机构中的学生只约占全国大学生总数的 24.2%。在这些公立教育机构的学生中，约 60.3% 就读于爱德华多·蒙德拉内大学和莫桑比克教育大学这两所学校，而其余约 39.7% 的学生则在其他 39 所大学中注册学习。[1] 学生集中在某几个学校，一方面使得教育资源无法得到合理的利用，不利于提升莫桑比克高等教育的整体质量；另一方面，大部分的学校由于在读学生人数过少，学费收入过低，相继出现了运营困难等一系列的问题。

面对这一情况，莫桑比克的高等教育机构采取了分散式扩张的办法。

[1] 资料来源于莫桑比克教育部官网。

分散式扩张指的是高等教育机构以其主校区为中心，将分校区分散建立在全国不同的地区。以莫桑比克教育大学为例，由于该学校入学学生人数连年上升，莫桑比克教育大学在全国范围内陆续建立了十几个分校区，这样分散式的扩张有利于缓解学校在教学和行政管理上的压力。随着分校区的建立及报考人数的增加，莫桑比克教育大学逐渐转变为一所多核心的综合性大学。从专业设置上看，其开设的专业也不再局限于教育学。从分校建设的地区上看，该大学的分校区大多设在高等教育机构欠缺的地区。如此一来，分散式扩张保障了边远地区学生接受高等教育的机会，从而推动了高等教育在全国的普及。

但是，公立高等教育机构采取的分散式扩张建校方式一定程度上给私立高等教育机构的发展带来了巨大的压力。公立学校增设的商科类专业和供在职人员就读的专业，抢夺了部分私立高等教育机构的生源，使私立高等教育机构无法发挥自身在教学上的优势。

（三）推动高等教育机构向科研型高校转变

为提升高等教育机构科研创新能力，莫桑比克政府近年来积极推动高等教育机构由教学型向研究型转变，主要措施包括开设与完善硕士研究生及博士研究生课程、加大对硕士研究生与博士研究生专业的投入、鼓励硕士研究生与博士研究生开展科学领域的研究及创新工作。

第三节 高等教育的挑战和对策

一、面临的挑战

（一）政府对本国高等教育体系缺乏客观、深刻和科学的认识与分析

莫桑比克政府对高等教育的统计分析，仅仅停留在浅层的定量数据统计上（如高等教育毛入学人数，教师及学生人数比例等）。浅层的数据统计无法满足政府对本国高等教育形成全面认识的需求，也不利于政府出台具有针对性的高等教育政策及方针。如此一来，莫桑比克政府所推行的教育政策无法真正满足国家高等教育事业发展的需要，使得各高等教育机构长期处于缺少组织和领导的状态。

在莫桑比克负责制定高等教育政策的国家机关主要有三个：国家高等教育委员会、高等教育委员会，以及国家教育质量评估委员会。这三个机构的主要职能之一是在政府制定高等教育相关政策的过程中建言献策（如决定是否开设新的高等教育机构等一系列议题）。但是，到目前为止，这些机构均未得到来自国家层面的任何技术支持，同时也未设立任何研究教育政策的下属机构。在这样的情况下，教育政策的制定通常只是基于委员会成员的个人意见，制定教育政策的过程无法真正落实公平、公开、公正的原则。同时，由于大部分委员会成员不具备教育学或管理学领域的专业知识及工作经验，所以最终制定的教育政策时常缺乏专业性。为解决这一问题，政府正考虑建立高等教育政策研究中心，专门负责教育咨询，全面把握国家高等教育发展方向，制定符合国情及教育现状的方针政策。

（二）教学与科研的投入比重严重失衡

莫桑比克的高等教育注重以教师为中心进行授课的教育模式，所以各高等教育机构都将重心放在教学而非科研上，这在一定程度上限制了莫桑比克科学研究的发展，不利于提高莫桑比克在非洲乃至世界上的学术科研地位。

（三）合作与国际化问题

国际化作为评价大学活力和质量的重要指标，应该是大学发展的长期战略性目标之一。在 21 世纪，如果高等教育机构没有与政府、公民、国际机构、社会组织及劳动力市场建立牢固的内部和外部伙伴关系，那么其发展将会受到严重的制约。在内部关系方面，各高等教育机构之间应该竞争与合作并存，共同开展研究、进行培训和推广项目，以促进国家高等教育的整体发展。在外部关系方面，国际合作不仅能弥补个体学校基础设施方面的赤字，还能帮助学校建设硕士、博士和博士后相关培养项目。然而，莫桑比克与许多其他非洲国家一样，高等教育的合作和国际化进程缓慢。目前莫桑比克国内高等教育机构往往将与国外机构的合作视为“依赖”，而不是“协作”。

（四）教学语言的使用存在一定争议

几乎所有的莫桑比克高等教育机构都选择葡萄牙语作为教学语言。尽管葡萄牙语是莫桑比克的唯一官方语言，但是仅有 39.7% 的莫桑比克人把葡萄牙语视为第一语言，这意味着葡萄牙语对于大多数的莫桑比克人来说是陌生的。[1] 对于那些将本地民族语言视为第一语言的学生来说，无法掌握葡萄牙语在一定程度上就意味着丧失了接受高等教育的机会。因此，莫桑比克政府目前正在考虑将本地民族语言纳入大学教学语言，同时为顺应全球化的需求，政府也提出提升英语在莫桑比克高等教育体系中的地位，并试图以英语作为媒介来进一步促进莫桑比克高等教育的国际化进程。

二、应对策略

为应对上述挑战，莫桑比克教育部于 2012 年提出了《2012—2020 年高等教育战略计划》。该计划以促进高等教育公平为目标，通过政府部门间彼此配合来满足国家发展的需求，提升高等教育的质量以及科研水平，以教育促进国家科学、技术和文化的全面发展。该战略计划主要包括以下六个方面。

（一）增加高等教育学生人数，提升高等教育质量

增加高等教育学生人数、提升高等教育质量是莫桑比克高等教育发展的中心任务。莫桑比克政府指出，要通过采取多种措施（如增加高等教育机构的数量、增加奖学金项目等）来促进莫桑比克的高等教育向国际高水平方向发展，并通过信息技术手段和远程学习系统加强对教师的培训。

[1] 资料来源于莫桑比克教育部官网。

（二）加强高校的自主管理

莫桑比克政府鼓励高校通过同行评审、广泛参与的管理方法，以及透明且有效的监督和评估系统，来建立并巩固高校的选举机制，提高高校行政管理能力与效率。

（三）提高融资能力，加强基础设施建设

资金和基础设施是发展高等教育的必要保障。莫桑比克政府将通过多种途径吸引投资，完善基础设施，以促进莫桑比克高等教育事业的发展。

（四）加强对高等院校的管理

莫桑比克教育部指出，不可盲目增加高等院校的数量，而应依据更加严格的审批程序，并以此作为确保高等教育质量的基础。这有利于规范对高等院校的管理，提高行政管理效率。

（五）提升高校教学及科研能力

提升高校教学与科研能力的战略目标，旨在促进高等院校在教学、研究以及社会服务方面的进步。各类高等院校开展的教学活动应以提高学生的就业竞争力、创新能力以及科研能力为目标。此外，在学术研究时，各高校还应重视对性别、艾滋病、体育和文化等莫桑比克社会议题的讨论与分析。

（六）注重国际化与区域一体化

高等教育机构是促进国际化和区域一体化的重要平台。在这一战略目标下，莫桑比克政府将推广并应用国际高等教育评定机制，鼓励莫桑比克高校与世界其他高校建立伙伴关系以促进交流学习。

三、结语

在纷繁复杂的国内和国际教育环境下，莫桑比克政府根据《2012—2020年高等教育战略计划》，不断通过教育改革积极应对各种问题和挑战，致力于推动国家高等教育不断稳步向前发展。相信在莫桑比克政府的高度重视下，莫桑比克的高等教育体系一定会逐渐完善，为更多国民提供更加系统全面的高等教育机会。

第七章 职业教育

第一节 职业教育的发展和现状

职业教育是以培养符合职业或劳动环境所需要的技能型人才为目标的一种教育类型。它以职业需要为导向，以实践应用性技术和技艺为主要内容。[1] 莫桑比克的职业教育负责为各经济社会部门培训熟练劳动力，以实现专业技术人才的民族化、本土化。

一、历史沿革

莫桑比克的职业教育最早可以追溯到 1878 年葡萄牙殖民时期创建的工艺美术学校。随后，葡萄牙 1947 年 7 月 19 日颁布的海外省法规定，葡萄牙政府应加快在各海外省建立职业教育机构的步伐，以满足葡萄牙经济发展过程中对技术人才的需求。然而，和其他类型教育相似，这一时期的职业教育是为殖民者服务的，是受歧视的。早期职业教育被视为一种针对地位低下者的教育，只对所谓的“本地人”和能力较差的学生开放。因为基础

[1] 杨汉清 . 比较教育学 [M]. 3 版. 北京：人民教育出版社，2015：309.

教育有着严格的入学标准并且学费高昂，当地居民难以满足相应要求或负担相应学费，所以职业教育成为绝大多数本地居民接受教育时的选择。

在 1948 年 8 月 25 日的法案通过后，莫桑比克成立了职业技术教育总局，其主要职能是负责国家职业教育的发展，使职业教育与各经济部门的发展相配合，尤其是使职业教育与农业、工业、商业等领域的发展需求相契合。随后，1973 年推行的维加·西蒙改革使得职业教育的学制与高中教育的学制保持一致，以此来保证接受职业教育的学生与接受高中教育的学生在同一时间毕业，从而有机会进入大学继续深造。

在国家独立之初，莫桑比克解放阵线党针对本国职业教育制定了一系列的战略计划与指导政策，并且随着莫桑比克经济、政治和文化的发展而不断调整相关计划与政策。但由于经济发展停滞、人才流失，以及师资匮乏等原因，独立初期的莫桑比克在发展职业教育方面受到了极大的限制，但是这一时期职业教育的作用仍不容忽视。职业教育不仅有利于提高莫桑比克各经济部门劳动力的素质，同时也有利于减少国家贫困人口数量，推动脱贫目标的实现。为了能够在短时间内培养更多的技术人才，莫桑比克教育部规定完成中学六年级和七年级教育的学生可以选择职业教育，他们可以自行选择会计、机械和电气等相关专业。1980 年，楠普拉省成立了莫桑比克第一所以培养职业教育教师为目标的师范类院校，即楠普拉工业教育学院。随后，在 1983—1987 年，楠普拉省商业学院也为商科类职业技术院校培养了一批教师。

随着 20 世纪 80 年代莫桑比克内战越来越激烈，许多从事职业教育的专业教师纷纷选择离开莫桑比克，这给莫桑比克职业教育的发展带来了巨大挑战。

自 1995 年起，莫桑比克教育部开始在教育发展战略计划中针对职业教育制定指导性政策。莫桑比克政府在《1995—1999 年教育战略计划》中提出的目标和优先事项之一是减少绝对贫困人口的数量和提高莫桑比克人民的生活水平，而发展职业教育是实现这一目标的必经之路。随着《1995—1999年教育战略计划》的出台，通过战略计划将政治目标转化为可执行的行动方案极有必要。2001年政府批准了莫桑比克的第一个职业教育战略——《2002—2011年职业教育战略计划》。该战略计划明确指出，现有职业教育无法满足正式和非正式劳动力市场目前和未来的需求，明确了职业教育在国家经济发展中的重要地位，并提出要“增加技术人员数量，拓宽从业领域，提升职业教育质量”。随后，莫桑比克国会在2016年6月16日通过了关于《职业教育法》的修订案，修订后的法案首次从法律层面对职业教育在莫桑比克的地位、体系结构、办学职责、管理体制等内容做出明确规定。

二、发展现状

莫桑比克职业教育的发展水平处于初级阶段。莫桑比克教育部统计数据显示，2000年以来，莫桑比克职业技术院校的数量呈现出持续增长的状态。如图7.1所示，在2000年，莫桑比克全国注册的职业技术院校数量仅为36所，至2017年，院校数量增长到171所，这171所职业技术院校中包

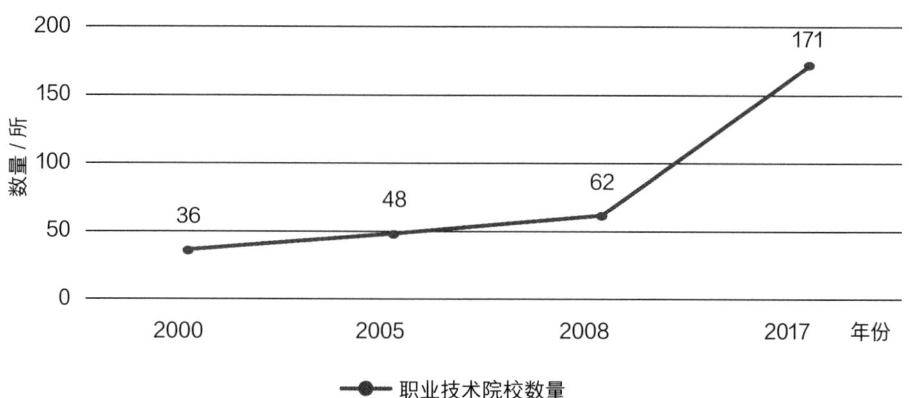

图 7.1 2000—2017 年莫桑比克职业技术院校数量

括公立院校 68 所、半公立院校 38 所、私立院校 65 所。从运作管理方面来看，公立院校一般由科技、高等教育和职业教育部或其他政府部门直接拨款和负责管理；而在半公立院校中，除教师工资外，其他运作经费不由政府直接负责；私立院校则指非政府经营或管理的学校，其运营经费主要来自学生学费，而非公共资金。从职业技术院校的地理分布上看，公立院校零星地分布在莫桑比克全国各地，半公立院校主要分布在农村、乡镇等远离城市的地区，而私立院校则集中于首都马普托市以及各省会城市。[1]

在接受职业教育的学生人数方面，通过表 7.1 可以发现，在 2015—2017 年，莫桑比克全国职业技术学院的在册学生总人数呈现逐年增加的趋势。在性别比例方面，接受职业技术教育的女性的数量有明显的增加。2015—2017 年，莫桑比克职业教育阶段女生入学率增加了 36.2%。在 2017 年，女生人数占总注册人数的 45% 左右。[2]

表 7.1 2015—2017 年莫桑比克职业技术学院在册学生人数

省份（直辖市）	2015 年学生人数			2016 年学生人数			2017 年学生人数		
	男	女	总计	男	女	总计	男	女	总计
尼亚萨省	2 980	1 510	4 490	1 547	729	2 276	1 389	633	2 022
德尔加杜角省	1 330	789	2 119	1 499	751	2 250	1 520	750	2 270
楠普拉省	3 134	1 479	4 613	4 120	2 253	6 373	4 554	3 048	7 602
赞比西亚省	4 886	2 591	7 477	3 957	3 733	7 690	4 203	3 164	7 367
太特省	1 945	669	2 614	2 536	1 195	3 731	2 693	1 727	4 420
马尼卡省	4 154	2 231	6 385	4 523	2 866	7 389	4 557	3 283	7 840
索法拉省	5 178	2 075	7 253	5 787	3 795	9 582	4 427	2 979	7 406
伊尼扬巴内省	3 241	2 203	5 444	3 126	2 467	5 593	3 195	2 479	5 674

[1] 资料来源于莫桑比克教育部官网。

[2] 资料来源于莫桑比克教育部官网。

续表

省份（直辖市）	2015 年学生人数			2016 年学生人数			2017 年学生人数		
	男	女	总计	男	女	总计	男	女	总计
加扎省	1 783	1 207	2 990	1 967	2 431	4 398	2 314	2 585	4 899
马普托省	3 140	2 317	5 457	3 670	2 870	6 540	4 211	3 940	8 151
马普托市	10 394	7 631	18 025	11 442	8 845	20 287	13 535	14 127	27 662
总计	42 165	24 702	66 867	44 174	31 935	76 109	46 598	38 715	85 313

然而，各类职业技术院校的专职教师人数却呈现出分配不均的特点。在 2017 年全国所有职业技术院校的教师中，公立院校的教师为 2 899 人，半公立院校的教师为 704 人，私立院校的教师为 1 890 人（见图 7.2）。除此之外，莫桑比克教育部统计数据显示，在这些职业技术院校教师中，未接受过师范教育的教师数量占比较大。如表 7.2 所示，职业技术院校教师中未接受过师范教育的在 2015 年、2016 年和 2017 年分别为 1 445 人、2 335 人、2613 人。[1] 也就是说，虽然教师人数连年上涨，但是接受过正规师范教育的教师却并没有明显增加。

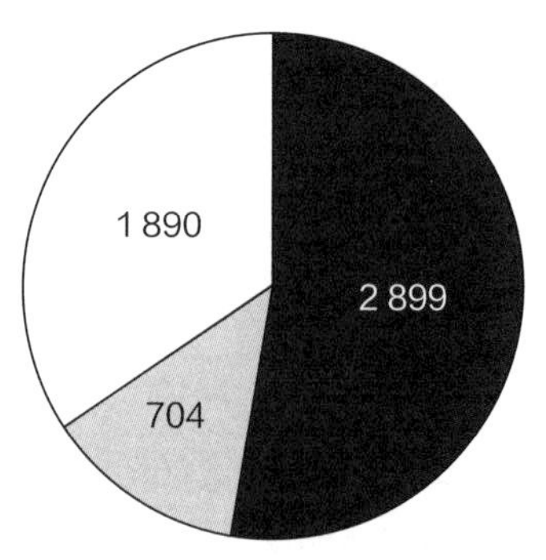

图 7.2 2017 年莫桑比克不同类型职业技术院校中的教师人数

[1] 资料来源于莫桑比克教育部官网。

表 7.2 2015—2017 年莫桑比克职业技术院校教师接受师范教育的情况

年份	2015	2016	2017
接受过师范教育人数	2 809	2 411	2 880
未接受过师范教育人数	1 445	2 355	2 613
总人数	4 254	4 766	5 493

从 2018 年莫桑比克各职业技术院校的招生人数占符合接受职业教育年龄的总人数比例来看，莫桑比克全国各地差异显著。如表 7.3 所示，就首都马普托市而言，可接受职业教育的青少年及成年人中，有 66% 选择在职业技术院校接受教育，但是在楠普拉省和赞比西亚省，该比例却分别只有 3% 和 7%。[1]

表 7.3 2018 年莫桑比克职业技术院校招生人数占符合接受职业教育年龄的总人数比例

省份（直辖市）	职业技术院校招生人数占比
楠普拉省	3%
太特省	4%
德尔加杜角省	5%
尼亚萨省	6%
赞比西亚省	7%
加扎省	7%
马尼卡省	13%
伊尼扬巴内省	13%
马普托省	13%
索法拉省	14%
马普托市	66%

[1] 资料来源于莫桑比克教育部官网。

综上所述，莫桑比克的职业教育在院校分布、学生性别、师资情况等方面都存在较大的地区差异，发展很不平衡。

第二节 职业教育的特点和经验

一、职业教育的特点

正如前文所述，早在殖民时期，莫桑比克的职业教育体系就已初步发展。与其他教育类型相比，职业技术教育主要有以下四个特点。①社会功能属性突出。职业教育始终以满足国家社会及经济发展的需要为首要目标，旨在对青少年和成年人进行职业综合培训，使他们为未来从事专业工作做好准备。②以职业技术发展为中心。也就是说，职业教育以培养从业人员的实用性技能为主，受教育者通过职业教育可以获得从事某种职业所必需的知识并提高相关技能，能够将技术知识和实际经验联系起来，找到问题的解决办法。③以就业为导向。职业教育不仅培养从业人员的实用性技能，同时也强调科学文化知识以及综合素质的培养，帮助学生在完成职业教育后能较快地进入劳动力市场，从事生产或服务行业的工作，增加学生的竞争优势。④受教育人群涉及不同层次，其中既包括完成初中或高中学业的青少年，又包括未接受过任何传统教育的成年人及下岗职工。

国家独立后，莫桑比克教育部为保证教育体系的延续性，以殖民时期的职业教育体系为基础，确定了新时期的职业教育目标，主要包括以下三点：①保障青少年及成年人享有接受职业教育的权利，在职业教育的过程中加强对学生从事某种职业所必需的知识以及技能的培养，同时，促进社会经济各部门中合格劳动力数量的稳步增加，提高劳动力的科学知识和技术水平，从而持续提升各部门的生产力；②除专业技能的培养外，还强调青少年及成年人科学世界观的培养，其中主要包括分析、概括、抽象思维、逻辑思维、创造力、想象力、研究及创新精神、审美等能力。③强调在教学过程中对学生基本社会人格的培养，树立学生正确的价值观，增强学生对工作、学习及社会的责任感，培养学生的团队合作与竞争精神、集体荣誉感以及公民意识。

二、职业教育的经验

根据莫桑比克共和国部长会议在 1995 年 8 月 22 日颁布的《国家教育和执行战略政策》，职业教育有责任培训合格的技术人员以满足本国不同经济和社会部门的劳动力需求。与殖民时期的职业教育体系相比，独立后的职业教育不仅在教学结构上有所改进，而且在教学模式与教学层次上都有所发展。

首先，为了落实职业教育新目标，莫桑比克教育部将职业教育分为以下三种类型。①职业技术教学。这种类型的教育对象通常为已完成基础教育的青少年，学生可选择白天或者夜间的上课时间。②成人职业技能进修。这种类型以提升成人的职业技能及完善其专业技术知识为主要目标，学生通常为具有工作经验或接受过成人教育的成年人，且学生可选择全日制或者非全日制两种不同的教育形式，授课地点一般为职业技术院校或其工作场所。③成人职业技术教学。这种类型通常只采取在职业技术院校进行夜间授课或线上授课的方式，与针对青少年学生的职业技术教学相比，该教学类型的授课内容以理论学习为主，实践性较弱。

莫桑比克职业教育除了被分为以上三种类型之外，也被划分为三个不同的层次。①基础职业教育。已完成小学教育的青年学生或者已完成成人教育的成年学生可选择接受该层次的职业教育，学习总时长至少需达到 2 000 小时，学习内容包括一般培训以及技术培训，学历水平相当于基础教育七年级或成人教育同等水平。②初级职业教育。完成初中教育、成人教育或基础职业教育的学生可选择该层次的职业教育，学习总时长为 2 700—4 500 小时（在 2—4 年内完成），学历水平相当于基础教育十年级。③中等职业教育。已经完成基础教育十年级学业、成人教育或初级职业教育的学生在通过考试后可继续修读中等职业教育课程，学习总时长为 3 900—4 800 小时（在 2—4 年内完成），学历水平相当于基础教育十二年级。学生在完成中等职业教育后有机会继续接受高等教育。

与之前的教育战略计划不同，《2012—2016 年教育战略计划》将职业教育修改为两个层次：基础职业教育和中等职业教育，学习时长均为三年。基础职业教育的最低入学标准是完成基础教育七年级课程，中等职业教育的入学标准是完成基础教育十年级或是完成基础职业教育三年级课程。此外，职业教育还包括由教育部下属的国家教育署领导、劳动和社会保障部指导的短期职业培训。

综上所述，职业教育在莫桑比克的教育体系中扮演着重要的角色。莫桑比克的职业教育在发展过程中保持着一定的连贯性及稳定性，通过更新教育目标、教育模式，以及教育内容不断得到完善。在职业技术培训的过程中，教师注重培养从业人员的知识及技能，确保了职业教育与就业市场直接对接，有利于莫桑比克国内就业率的稳步提高，为国家经济的长期发展提供保障。

第三节 职业教育的挑战和对策

一、面临的挑战

职业教育对社会经济发展至关重要，这意味着要建立一个高质量的职业教育体系，培养有能力的毕业生，以应对生产部门的各种需求。根据前面的数据可以看出，近年来，莫桑比克职业教育取得了一定程度的发展，这种发展主要体现为国内职业技术院校数量和就读于职业技术院校的学生人数的双增加。但与此同时，莫桑比克职业教育的发展依然面临着重重挑战。莫桑比克《2018—2024年职业教育战略计划》明确指出，莫桑比克职业教育主要面临着教育机会、教育质量以及教育行政三方面的挑战。

第一，就教育机会而言，莫桑比克全国职业技术院校存在着地域分布严重不均的问题。一般来说，职业技术院校主要分布在大城市等一些经济较为发达的地区，这样的布局导致许多来自经济落后的农村及偏远地区学生无法报读职业技术院校。同时，不同性别接受职业教育的机会均等性问题也值得关注。在接受职业教育的学生中，男女比例并不平衡，男性学生人数往往大于女性学生人数。此外，职业技术院校每学年所招收的学生数量十分有限，教育机会成为稀缺资源，远远无法满足莫桑比克就业市场对技术人才的需求，也在很大程度上限制了学生未来的职业选择。

第二，职业教育质量较低。该问题主要由以下四个因素导致：①教学设备资金投入不足，硬件设备落后，基础设施老旧，学习环境较差；②从事职业教育的教师数量严重不足，教师教学任务过重，教学活动往往无法正常开展；③教学材料及教学参考资料缺乏，无法满足教学活动的日常需求；④职业技术学院与各生产部门的联系不紧密，毕业生难以获得一手的就业信息，学生就业存在一定困难。

第三，职业教育的教育行政管理方面也存在问题。例如，从中央到地方不同行政管理层之间缺少协调与合作，特别是集中统一化的管理模式与以学校为单位的自主管理模式之间常常产生冲突，导致行政效率低下。而在职业教育的课程大纲制定方面，教学管理单位制定课程标准及课程大纲时常常存在问题。除此之外，落后的信息技术也导致行政管理单位无法从宏观上全面掌握职业教育的发展状况，不利于教育政策的制定与推行。

二、应对策略

为了应对上述挑战，并考虑到南部非洲发展共同体区域一体化进程，莫桑比克教育部于2006年启动了职业教育改革计划。职业教育改革秉承“教育为就业，技术为生产，发展为国家”的指导思想，实施期长达15年（2006—2020年），共分为三个阶段：①试点阶段（2006—2010年或2011年）；②推广阶段（2010或2011—2016年）；③巩固阶段（2016—2020年）。[1]

在试点阶段中，莫桑比克教育部与劳动和社会保障部协同世界银行等国际组织开始推行职业教育改革计划。职业教育改革计划是莫桑比克各生产部门、工会组织同国际组织之间合作的结果，其目的是在社会各界的协作中建立一个全方位、协调统一、具有相对灵活性，并以就业市场为导向的职业教育体系。该体系着重培养学生的专业技术能力、创新精神，从人才培养方面为提高莫桑比克的社会生产力提供保障。

职业教育改革计划内容主要包括以下四个方面。

第一，院校发展。院校发展是指各院校应以适应未来职业教育体系的发展及符合自身管理流程为前提，制定学校的长期发展纲领。与此同时，

[1] 制定计划时，政府并未明确该目标在2010年还是2011年完成，因而时间阶段划分未固定。

在社会各界的协助下，政府部门应进一步完善有关职业教育财政投入的政策，并建立国家职业教育管理部门，从而推动本国职业教育的可持续性发展。

第二，发展国家人才教育及培训体系。国家人才教育及培训体系主要涉及以国家生产部门需求为导向的职业培训项目评估、认证工作，以及相关规范制定工作，旨在推动不同职业教育阶段间的融合与连接，增强不同层级职业教育的连贯性及灵活性。在面对国家技术人员短缺、职业教育质量不高等问题时，这样的人才教育及培训体系有利于调动政府各部门一同积极协助毕业生尽快融入劳动力市场。

第三，提升职业技术院校的教学水平。在职业教育的发展过程中，教育质量应摆在突出位置，而提升教育质量可通过以下方式：①加强对教师的专业培训，提高教学质量；②增加教学资源（如提供充足的教材与教辅、提高教师编写教材的能力）；③完善校园基础建设（如修复或更换教学器材）；④建立以学生为导向的教育服务机构；⑤提高职业教育学院的管理能力。除此之外，提高职业教育质量的工作应置于国际大背景下，努力提升莫桑比克职业教育在国际上的认可度。

第四，设立能力发展基金。基金一方面鼓励具有创新性的、高质量的培训方案，以此帮助推动新课程方案的施行，加强毕业生与就业市场的联系，提高学生就业率；另一方面也为职业院校接受更多学生提供必要的资金支持，以此提高职业院校的入学率（特别是经济欠发达的农村地区的入学率）。

为更好地进行职业教育改革，莫桑比克政府成立了以下机构：①具备政治导向功能的职业教育改革部级委员会，由总理担任主席；②发挥行政和审议职能的职业教育改革执行委员会；③执行政策的实施机构；④与实施机构平级、具有技术支持和协调职能、整合合作伙伴和捐助机构资源的咨询团队。

尽管在职业教育的改革过程中存在诸多问题（如生产部门的参与度较低，不同教育部门之间的协调与管理效率低下，各层级的技术人员缺乏等），但依托上述措施，近年来，莫桑比克的职业教育确有发展。首先，在增加教育机会方面，2012—2013 年，莫桑比克全国新开设 5 所私立职业技术院校，全国职业技术院校的入学人数增加了 25%。截至 2013 年，全国共有 40 所职业技术院校为 3 250 名学生提供了短期培训课程。其次，职业教育师资得到了一定程度的扩充。2013 年，全国共有 152 名新教师加入到职业教育的队伍中。[1] 并且，在与葡萄牙、德国等国家的合作下，莫桑比克职业教育阶段教师可以获得农业、工商业等领域的国际技能专业培训。除此之外，经部长会议批准，莫桑比克政府成立了教育部的下属部门，即职业教育管理部门（Autoridade Nacional de Educação Profissional），其职能主要为管理及规范各职业技术院校，确保其自主管理模式与国家的教育政策相互协调与配合，同时为职业技术院校提供必要的资金支持，协助其完善学校的硬件设施。最后，在提升教育质量方面，随着职业教育改革的深化，教育资源（教材与教辅等）也越来越丰富，以市场需求为导向的新课程方案也在逐步推行中。

三、结语

莫桑比克政府与职业教育培训机构近年来进行了积极的宣传工作，力图让莫桑比克民众更加重视职业教育并从中受益。相信随着政府对职业教育投入的加大，莫桑比克的职业教育定会有美好的未来。

---

[1] Ministério da Educação e Desenvolvimento Humano de Moçambique. Plano da estratégico da educação 2012-2020 [R]. Maputo: Ministério da Educação e Desenvolvimento Humano, 2012.

第八章 成人教育

第一节 成人教育的发展和现状

按照联合国教科文组织的定义，成人教育包括了成年人口所有阶段的正式与非正式学习和教育。它涵盖了生命全程的学习和教育，尤其关注被边缘化或处于弱势中的人群。成人教育主要指的是通过业余、脱产或半脱产的方式对成年人进行教育的社会活动，是将教育活动在学校基础上进行延伸的重要途径。其特点主要体现在以下三个方面：①学生具有主动学习的意识，但同时承担着来自工作与家庭的压力；②学生具有相对丰富的社会经验和较强的实践能力，但理论知识储备不足；③学生的判断能力、分析能力较强，但记忆力较差。[1] 随着成人教育逐渐成为国家培养高素质人才的必然选择，普及和改革成人教育被提上莫桑比克国家发展的相关议程。具体的改革措施有：①摒弃传统观念，正确认识成人教育；②健全相关法律法规；③提高成人教育教师的水平；④创新成人教育的教学方法。推行和改革成人教育是莫桑比克独立后政府工作的重点之一。

[1] 李维霞．成人教育的特点与成人教育管理改革的思考 [J]．时代教育，2016（11）：140.

一、历史沿革

在莫桑比克独立初期，以扫盲教育为主要内容的成人教育受到政府的极大重视。莫桑比克首任总统马谢尔曾向全国人民说过：“我国经济建设成败的关键就在于我国人民能否尽快成为有知识的人。”[1] 这句话鼓舞全国人民向知识进军。独立初期，莫桑比克满目疮痍，文化教育十分落后。1975 年莫桑比克文盲率高达 93%，平均十万人中只有一人具有中学文化程度。在约 5 个世纪的殖民统治期间，莫桑比克本地居民中没有一名医生、工程师或经济学家。在一切必须从零开始的社会背景下，莫桑比克政府提出，由于文盲率高，发展基础教育需要依赖切实可行的、地方认真贯彻的、全社会积极参与的扫盲计划。

在这样的精神和政策指导下，莫桑比克解放阵线党把以扫盲运动为主要内容的成人教育放在了政府工作的首要位置，政府提出的战斗任务就是在最短时间内将莫桑比克变成人人知书识礼的国家。在第一次全民扫盲运动中，有超过 13 万的工人和农民参加了文化知识学习，第二次全民扫盲运动则有超过 30 万人参与。[2] 除了小学和中学，服务于青年、成年人的夜校、扫盲班也遍布全国各地，学习文化知识的浪潮席卷全国。在此过程中，莫桑比克收到了外国的大力援助，外国提供的援助形式包括承担教师工资，提供教材、教辅、教学仪器等。

内战期间，尽管饱受战争摧残，但全国教育政策的重点仍包括开展扫盲运动以及其他形式的成人教育。政府为此建立了国家扫盲和成人教育委员会。为培养扫盲和成人教育的教师和管理干部，该委员会开设了为期半年的专门培训班，并针对成人教育编印了专用教科书。

识字班是莫桑比克扫盲运动的重要组织形式。在完成了三年的识字班

[1] 米罗诺夫，贾慧．莫桑比克开展扫盲运动 [J]．外国中小学教育，1982（4）：49.

[2] 米罗诺夫，贾慧．莫桑比克开展扫盲运动 [J]．外国中小学教育，1982（4）：49.

课程之后，学生文字水平相当于基础教育小学五年级的水平。参加识字班的人数在 1980 年达到历史最高纪录，超过了 41.5 万人，在此之后，参加人数逐年下降，到 1989 年减少到 4.6 万人，1995 年减少到 2.7 万人。[1] 人数的大幅减少受多种因素影响。除了内战因素外，还有两个原因。第一，识字班学制计划过于死板，教学效果低下，学生因此不愿接受教育。第二，葡萄牙语是唯一的教学语言，然而很多成年人根本就不能用葡萄牙语交流，因此无法顺利接受教育。

在 20 世纪 80 年代扫盲运动的推动下，莫桑比克成年人文盲率从 1975 年的 95% 以上，下降到 1980 年的 70%。1975—1982 年，全国约有 100 万人在扫盲运动中脱盲。但内战严重地阻碍了扫盲运动的进行，导致相当一段时间内莫桑比克文盲率再次上升。按照 1982 年教育部的统计资料，全国的文盲率相较于独立时下降了 20%，相较于 1980 年的文盲率有所回升。[2] 尽管如此，莫桑比克政府依然长期坚持开展扫盲运动。

据世界银行估计，1990 年莫桑比克成年女性的文盲率为 79%，成年男性的文盲率为 67%。但对于这一数据，联合国儿童基金会只认同世界银行关于莫桑比克女性文盲率的估测，在男性文盲率方面，联合国儿童基金会认为男性文盲率应该更低，约为 55%。[3]1992 年，莫桑比克文盲率由 1975 年的 93% 下降至 66%。1995 年，按照联合国经济及社会理事会的估计，莫桑比克全国人口的文盲率为 67%，其中成年男性的文盲率为 42.3%，成年女性的文盲率为 76.7%。与非洲地区同时期平均水平比较而言，莫桑比克的教育水平非常低：1994 年非洲人中具有读写能力的人口比例为 40.8%，而莫桑比克具有读写能力的人口比例是 32.9%；非洲妇女中具有读写能力的人口比例

[1] CHRISTIE I. Mozambique: land of peace and promise [M]. Maputo: Bureau de Informação Pública, 1996.

[2] 张宝增．莫桑比克投资环境及投资状况 [J]．西亚非洲，1998（5）：3-5.

[3] CHRISTIE I. Mozambique: land of peace and promise [M]. Maputo: Bureau de Informação Pública, 1996.

是 28.5%，而莫桑比克妇女中具有读写能力的人口比例是 21.4%。[1]

1997 年人口普查结果表明，在莫桑比克 15 岁以上（含 15 岁）的人口中，60.5% 的人没有读写能力，且性别和地区差异明显。在城市中，19.4% 的男性和 46.2% 的女性是文盲；在农村地区，56.4% 的男性和 85.1% 的女性是文盲，全国 60 岁以上的农村妇女中，96.2% 的人是文盲。[2] 因而在这一时期，教育部将工作的重点放在了提高农村地区教育和妇女教育上。

二、发展现状

目前莫桑比克成人教育分为两个级别，分别是一年制的扫盲教育和扫盲后持续四年的继续教育。四年的扫盲后继续教育完成后，学生将拥有等同于基础教育小学六年级的知识、能力和素质。成人教育针对的是 15 岁以上的青年和成年人，并以处于工作年龄但未接受过小学教育的成年人优先。具体而言，能够接受成人教育的是那些在年龄上无法接受基础教育和职业教育的人，即那些在适龄阶段错失接受学校教育机会或没有完成学校教育的人。

成人教育有两种模式，一种是通过制度化的学校系统进行的正规教育，另一种是通过有组织的教育活动展开的非正规教育，后者主要由民间团体或社区实施，在内容、时间和地点上更加灵活。纵观莫桑比克成人教育的发展历史，同时对比该国的其他阶段教育体系，如基础教育、高等教育等，可以发现，自莫桑比克独立以来，成人教育是其教育事业中发展成果最为

[1] Economic Commission for Africa. Building Africa's information highway: the case of Mozambique, on the Seventh Meeting of the Technical Thirty-first Session of the Commission/Preparatory Committee of the Whole Twenty-second Meeting of the Conference of Ministers [C]. Addis Ababa, Ethiopia: Economic Commission for Africa, 1996.

[2] 张宝增. 莫桑比克投资环境及投资状况 [J]. 西亚非洲，1998（5）: 3-5.

显著的领域。[1]

直到现在，成人教育依然在莫桑比克政府工作中占重要地位，原因之一是莫桑比克的文盲率仍旧较高（2017 年为 39%）[2]，而通过成人教育开展扫盲活动是脱贫的有效措施。此外，当今莫桑比克教育部的任务之一是为所有公民提供终身学习的机会，这是成人教育目前地位突出的另一原因。成人教育地位突出还体现在莫桑比克政府对成人教育优先任务的调整上。随着莫桑比克政府将《2012—2016 年教育战略计划》延长至 2019 年，文件名改为《2012—2016/2019 年教育战略计划》，扫盲运动的目标也进行了调整：原定到 2016 年，需要参加扫盲教育的人口数量从 100 万减少到 70 万人，后改为到 2019 年，需要参加扫盲教育的人口数量减少到 35 万人。根据《2012—2016/2019 年教育战略计划》评估，2016 年的目标仅实现了 57.8%。虽然预计有 70 万人需要参加扫盲教育，但实际上只有 40.5 万人报名，其中妇女 25.1 万人。[3]

原计划中成人教育相关目标之所以没有实现主要有以下三点原因。第一，给成人教育的财政资源减少，成人教育教师补贴低、工资支付不定期，扫盲教师工作动力不高或直接选择辞职。第二，参与成人教育的学生无固定居所或优先从事有助于改善他们短期内生存状况的活动，比如捕鱼、小型贸易等，这样的情况不利于进行稳定和持续的成人教育。第三，某些社会因素也导致原计划中成人教育相关目标没有实现，例如，在当地风俗文化影响下，妇女接受教育容易受丈夫的阻挠，因而妇女在成人教育中的参与率低且辍学率高。

《2012—2016/2019 年教育战略计划》指出，莫桑比克成人教育目前的问题主要涉及人力资源管理、师资培训、资金分配、监督评测等方面。成人

[1] 张宝增．莫桑比克投资环境及投资状况 [J]．西亚非洲，1998（5）：3-5.

[2] 资料来源于莫桑比克教育部官网。

[3] 资料来源于莫桑比克教育部官网。

教育工作者培训机构的减少造成成人教育师资的不足，大多数志愿扫盲教师都是小学毕业生，没有经过任何心理教育、师范教育等方面的专业培训，这导致成人教育质量低下。为应对这一问题，自2019年以来，莫桑比克实施教师培训新课程，对包括成人教育在内的各类型和各阶段教师进行培训。

值得注意的是，14岁及14岁以下的儿童越来越多地参与到扫盲教育中，这是因为以扫盲为主要内容的莫桑比克成人教育体系难以有效而准确地迎合目标群体。例如，2014—2018年，有2 188 061名学生报名参加初始目标受众为成人的扫盲教育，其中452 403名是14岁及14岁以下的儿童，这些儿童中有257 789名是女童。解决成人教育受众不精准问题的方法之一是让适龄孩童重返小学教育。另外，男性参与成人教育的比例较低，女性在成人教育中的巩固率较低，这些现象同样也令人担忧。[1]

莫桑比克成人教育存在诸多问题。首先，性别差异较大。男性的文盲率是27.2%，而女性的文盲率是49.4%。其次，城乡发展不平衡。农村地区的文盲率是50.7%，而城市地区的文盲率是18.8%。再次，地区发展不平衡，尤其是在南部和北部省份之间差异明显。如表8.1所示，马普托市（南部）的文盲率为9.5%，马普托省（南部）19.3%，伊尼扬巴内省（南部）32%，加扎省（南部）32.4%；马尼卡省（中部）34.3%，索法拉省（中部）43.6%，赞比西亚省（中部）53.9%，太特省（中部）55.2%；楠普拉省（北部）56%，尼亚萨省（北部）58%，德尔加杜角省（北部）60.7%。文盲率呈现出由南至北逐渐增加的趋势。[2]

[1] 资料来源于莫桑比克教育部官网。

[2] 资料来源于莫桑比克教育部官网。

表 8.1 2014 年莫桑比克各省份（直辖市）文盲率

省份（直辖市）	文盲率
马普托市	9.5%
马普托省	19.3%
伊尼扬巴内省	32%
加扎省	32.4%
马尼卡省	34.3%
索法拉省	43.6%
赞比西亚省	53.9%
太特省	55.2%
楠普拉省	56%
尼亚萨省	58%
德尔加杜角省	60.7%

第二节 成人教育的特点和经验

一、成人教育的特点

莫桑比克政府始终坚持大力推行成人教育。《2012—2016/2019 年教育战略计划》中的相关评估资料表明，部分战略目标已经实现，成人教育确实得到了发展。该计划根据已取得的成绩总结了莫桑比克发展成人教育的特点，具体包括以下八点：第一，加强在国内和国际层面的合作伙伴关系，以使莫桑比克成人教育的资金来源多样化；第二，确保所有人，特别是妇女、女童和有特殊教育需要的人，能够参加成人教育，并采取措施缩小地区差异；第三，根据目标人群的潜力开展综合性的教育项目，有针对性地提升受教育对象的识字、计算和实践技能；[1] 第四，开展单语和双语教学，以及各类正式和非正式教育项目；第五，制定并实施成人教育新课程；第六，鼓励在教学过程中运用现代信息技术，并创造文化学习环境以鼓励阅读；第七，建立成人教育质量标准和成人教育课程资质认定体系，实施有效的、参与式的管理、督查和评估机制，以监督和评估成人教育项目的教与学过程；第八，培养成人教育教师，并建立师资数据库。

在《2012—2016/2019 年教育战略计划》的基础之上，莫桑比克教育部颁布了《2020—2029 年教育战略计划》，进一步采取措施应对该国成人教育所面临的挑战，加快实现降低全国文盲率的目标，并培养青年和成年人融入社会的能力，给予他们终身学习的条件，让他们为国家经济和社会的发展做出贡献。为实现这一愿景，提高教育质量和缩小地区、性别之间的差异是当务之急。

二、成人教育的经验

受到经济、政治局势的影响，莫桑比克成人教育的发展并非一帆风顺。但莫桑比克政府始终重视国家成人教育的发展，从近几年取得的成果看来，莫桑比克成人教育依然有值得其他国家借鉴的经验。

首先，必须认识到推广成人教育的重要性。高文盲率是阻碍社会发展、造成贫困和其他社会问题的重要因素之一。莫桑比克政府在国家独立之初

[1] 例如，莫桑比克政府在全国各地建立的识字班就取得了显著成效。

就认识到成人教育的重要性，把发展成人教育定为政府的首要工作之一。独立以来，莫桑比克政府对成人教育给予持续关注，并根据社会实际发展情况不断调整成人教育发展计划。

其次，将尽可能多的影响因素纳入成人教育改革的考虑中，如性别、交通安全、自然灾害防范、农业实践、营养、疾病（艾滋病和疟疾等）、体育锻炼等相关问题。只有解决阻碍成人教育的各类社会问题，才能有效提高成人教育的参与率。

再次，通过鼓励单、双语种教学，鼓励正式、非正式的办学形式，尽可能地增加成人教育机会，普及成人教育。

最后，重视提高成人教育的教学质量。莫桑比克成人教育改革要求教师根据学生特点和需求因材施教，根据时代需求调整教学内容，并通过建立评估机制对教学质量和教师进行监督。

第三节 成人教育的挑战和对策

一、面临的挑战

莫桑比克成人教育所面临的挑战主要体现在两个方面。

第一，由于普及程度不够，莫桑比克国民对成人教育的参与度不高。尽管莫桑比克的文盲率从 2015 年的 44.9% 下降至 2019 年的 39%，但距离其战略计划中提及的目标还有一定距离。[1] 并且，由于教育资源的分配不均，成人教育发展很不平衡。许多城市没有成人教育培训机构，尤其是偏远地

[1] 资料来源于莫桑比克教育部官网。

区的受教育程度较低的人们更是难以接受系统的成人教育。

第二，大多数成人教育（特别是扫盲运动）教师都是只具有小学文凭的志愿者教师，通常没有接受过任何类型的心理教育和师范教育，这导致莫桑比克成人教育质量不高。并且，目前大部分扫盲中心开设的课程都是基础学科课程，缺乏逻辑能力和国际视野相关的课程设置。这种单一、初级的成人教育教学内容不利于提升莫桑比克成年人的综合素质。

二、应对策略

为应对这些挑战，更好地为没有机会在适龄阶段进行学习的青年和成年人提供平等的、包容的教育，为他们提供科学的培训，促进其全面发展，推动实现在 2029 年 15 岁及 15 岁以上的莫桑比克人识字率达 71%（女性为 61.6%）的目标，莫桑比克教育部计划从以下三个方面采取行动。

第一，确保更多的青年和成年人平等地接受和参与多样化的正式和非正式的教育项目。这与莫桑比克成人教育所面临的主要挑战之一相关，即要提高成人教育参与度，消除不平等现象。

第二，确保高质量的教学，全面提升学生基本阅读、写作、计算能力，以及必备的生活技能。莫桑比克教育部计划提高课程的相关性、改善教学资源和教师的分配情况、完善学习成果的监督和评测机制，从而提高教学质量。

第三，完善成人教育体系的人员培训、管理和监督机制，提高成人教育教师和学生的积极性。通过对教育者、扫盲教师和管理人员进行培训，确保教育项目的正常开展。这一举措旨在让成人教育受到重视，通过更高效的管理方法，以实现对人力、物力和财力资源的合理分配。

三、结语

独立后，莫桑比克政府一直重视开展成人教育，鼓励国民参加成人教育以适应国家和时代的需求。同时，政府从政策上支持建设正式和非正式的成人教育机构，从而给予未能适龄参与基础教育的公民以学习的机会，培养他们生活和工作的能力。政府不断根据成人教育的实际发展情况，调整战略计划，提出切实可行并且与时俱进的改革目标。相信在莫桑比克政府的高度重视下，莫桑比克的成人教育体系会不断完善，文盲率会不断降低，公民受教育程度会不断提高，贫困等社会问题也会随之不断减少。

第九章 教师教育

第一节 教师教育的发展和现状

一、历史沿革

在 1964 年莫桑比克独立战争爆发后，该国教育结构的调整也随之展开，政府开始考虑加大对莫桑比克当地教师的培训力度，以培养教师独立开展教学活动的能力。需要强调的是，尽管此时教师教育的目标对象为莫桑比克教师，但其教育内容依然与欧洲的殖民文化相关。

在国家过渡时期（1975—1976 年），外国居民（以葡萄牙人为主）和大量莫桑比克本国的知识分子纷纷选择离开莫桑比克，这导致莫桑比克教师数量的严重不足。为填补教师数量的空缺，众多从未接受过任何教师教育的人员开始进入教师队伍。面对这一状况，莫桑比克教育部建立了 10 个基础教育教师培训中心以及 4 个区域教师流动中心，分别为从事小学教育和中学教育工作的教师提供培训。

1977—1991 年，莫桑比克的教师教育得到了进一步发展。1983 年，莫桑比克通过了总统令，在教育部下成立最高咨询机构——国家教育委员会，其目的是使国家教育体系更加适应莫桑比克的社会现状。随后，为在全国范围内培养更多的专业教师，莫桑比克教育部设立了更多以师范教育为主要办学目标的院校及培训机构，包括以培养基础教育教师为主的爱德华多·蒙德拉内大学教育学院、莫桑比克教育大学、教学中等学院、教学高等学院，以培养教育技术人员为主的教育人员培训中心，以提供幼师教育为主的教师培训及教育学校等。1992 年莫桑比克教育部推出新教育政策改革计划后，许多不同类型的师范教育机构实现了资源整合，合并为教师培训学院。

二、发展现状

（一）教师教育的类型

莫桑比克教师教育可分为以下四类：基础教育教师培训、教师继续教育、学校管理人员培训，以及教师教育专职人员培训。

1. 基础教育教师培训

为了提高莫桑比克的基础教育入学率，莫桑比克教育部从 2007 年开始推行“十年级+1 年”的教师专业培训课程。该课程针对已完成基础教育十年级的教师，培训时间为一年，旨在确保所有从事基础教育工作的教师都接受至少一年的专业培训。起初，该教师培训课程以远程授课为主，后来逐渐开设线下讲授班。自 2007 年以来，每年约有 9 000 名完成“十年级+1 年”培训课程的教师。[1]

2012 年，莫桑比克教育部开始推行针对小学教师的培训课程，参加

[1] 资料来源于莫桑比克教育部官网。

该培训课程的教师同样需要完成十年级的学业，但是相较于原来的“十年级+1年”课程，该培训课程的培训时长延长至3年（即“十年级+3年”模式）。自2014年以来，每年约有1 000名教师完成此培训课程。

但是，莫桑比克教育部对此类教师培训课程进行评估发现，这类培训在教学法、课程可持续性方面存在问题。随后，教育部将参加培训项目教师的准入学历提高到十二年级（即采用“十二年级+3年”模式），并于2019年8月正式在全国范围内推广。这种模式的教师培训旨在提高教师培训的质量，使教育工作者能更好地承担基础教育阶段学生的教育工作、能帮助有特殊教育需要的学生，并且能有较好的语言能力开展单语和双语教学。

需要强调的是，原有的“十年级+1年”培训模式在莫桑比克小学教师的培训环节中仍占据主导地位。目前，莫桑比克共有11个师范类高校提供“十年级+1年”模式的培训课程，12个师范类高校提供“十年级+3年”模式的新培训课程。[1] 教育部预计这两种培训模式将在2022年全部被“十二年级+3年”的教师教育模式所取代。

2. 教师继续教育

教师继续教育培训为在职的教师和其他教育工作者提供提升专业能力和实践能力的机会，它旨在提高教育工作者的教学技能，为莫桑比克建立一支高水平且具有发展潜力的教师队伍提供支持，确保莫桑比克学生在未来能够获得更加优质的教育。

值得强调的是，无论是基础教育教师培训还是教师继续教育培训，优化教师的教学方法，确保教师在教学过程中以学生为主体、以学生为导向，都是教师教育的重要目标。

[1] 资料来源于莫桑比克教育部官网。

3. 教育管理人员培训

对各级教育管理人员的培训也是莫桑比克教师教育中的一个重要类别。对各类教育机构的教育管理人员进行培训有利于充分调动其工作积极性，提高其领导和管理能力，进而提升莫桑比克教育整体水平，推动建设具有影响力的知识型社会，满足未来劳动力市场的需求。

莫桑比克教育部在 2013 年开设了针对教育管理人员的培训课程，该课程历时 30 天，最初在分别位于北部、中部和南部的 3 个师范学院展开。然而，2016 年，关于该课程的评估显示，受过培训和未经培训的教育工作者并没有表现出实质性差异。因此，莫桑比克教育部提出针对教育管理人员的培训课程应该更加具有实用性，使学员获得适合其个人发展的教育服务，提高各级教育工作者的个人能力。

针对教育管理人员的教师教育，与上文介绍的其他两种教师培训模式相配合，满足了不同层级和不同类别教育工作者的职业发展需求，实现了对教育工作者的全覆盖，全面提升了教育工作者的个人能力和综合素质，为推动国家发展培养了教育领域优质人才。

4. 教师教育专职人员培训

为满足多元化的培训需求，确保教师教育的质量与水平，相关教师培训机构同时也对教师教育专职人员提供定期培训和再培训。但目前莫桑比克没有专门致力于培训在职教师的培训机构。基础教育教师培训、教师继续教育和教育管理人员培训基本都由高校毕业生直接授课。这些高校毕业生没有经过相关的职业培训，同时也缺乏相关领域的工作经验，因此常常导致培训效果欠佳。

（二）师范教育院校的分布

截至2019年，莫桑比克境内一共有75所师范教育院校，其中38所负责培养小学教师，另外37所负责培养中学教师。这些师范教育院校的地理分布如表9.1所示。[1]

表9.1 2019年莫桑比克师范教育院校的地理分布

单位：所

省份（直辖市）	小学教师培养院校			中学教师培养院校		
	公立院校	私立院校	合计	公立院校	私立院校	合计
德尔加杜角省	2	1	3	1	3	4
尼亚萨省	2	1	3	1	2	3
楠普拉省	3	2	5	1	2	3
赞比西亚省	4	1	5	1	2	3
太特省	3	1	4	1	3	4
马尼卡省	1	1	2	1	2	3
索法拉省	3	1	4	1	2	3
伊尼扬巴内省	3	1	4	1	1	2
加扎省	2	1	3	1	2	3
马普托省	3	1	4	1	1	2
马普托市	1	0	1	2	5	7
合计	27	11	38	12	25	37

从表9.1可以看出，首都马普托市的师范教育院校数量较多。同时，负责培养小学教师的公立院校数量多于私立院校，而负责培养中学教师的私立院校数量多于公立院校。

[1] 资料来源于莫桑比克教育部官网。

（三）师资情况

如表 9.2 所示，莫桑比克教育部统计显示，2018 年全国共有 13.6 万教师，其中 62% 为小学教师，21% 为初中教师，17% 为高中教师。小学教师中有 51% 为女教师，但是在初中教师与高中教师中，女性教师的比例分别下降到 29% 和 24%。[1]

表 9.2 2018 年莫桑比克各省份教师数量

单位：人

省份（直辖市）	小学		初中		高中	
	教师总数	女教师	教师总数	女教师	教师总数	女教师
德尔加杜角省	5 333	2 392	1 777	277	748	99
加扎省	5 626	3 621	1 911	644	1 455	412
马尼卡省	7 702	3 511	2 164	497	1 316	244
马普托市	2 182	1 552	1 132	485	1 318	433
马普托省	5 195	3 372	2 443	846	1 453	444
楠普拉省	14 018	6 501	4 688	1 178	2 235	459
尼亚萨省	4 970	2 310	1 907	588	982	226
索法拉省	6 295	3 394	2 404	830	1 217	295
太特省	7 752	4 058	2 370	761	1 313	294
伊尼扬巴内省	6 233	3 905	2 370	818	1 956	566
赞比西亚省	19 615	8 707	5 723	1 532	2 032	382
总计	84 921	43 323	28 889	8 456	16 025	3 854

从中小学教师的地理分布上看，赞比西亚省和楠普拉省的教师最多，

[1] 资料来源于莫桑比克教育部官网。

这两个省份分别集中了全国约 23.1% 和 17.3% 的中小学教师。

从总体上看，莫桑比克教师教育的现状与前景并不乐观。《2004—2015年教师教育战略计划》指出，莫桑比克的教师教育存在以下问题。

首先，随着近年来莫桑比克教育的普及，无论是在小学教育还是中学教育体系中，教师的数量都明显不足。数据表明，在莫桑比克的小学与初中，平均每位教师要承担 9 个班级的教学工作，而每班的学生人数平均约为 70 人。因此，莫桑比克小学和初中阶段的教师教学压力较大，常常无法完成教学计划。

其次，师范院校之间的交流联系较弱，各院校内部差异较大，教学结构和教学内容缺乏互通性，且教师教育的教学模式十分单一，可使用的教学参考材料十分有限、教学设备陈旧。

最后，莫桑比克师范教育的教学及科研水平在国际上影响力较小。表 9.3 反映了 2012—2017 年莫桑比克籍研究人员关于教师教育的论文发表数量。[1]

表 9.3 2012—2017 年莫桑比克籍研究人员关于教师教育主题的论文发表量

单位：篇

年份	期刊	博士论文
2012	2	2
2013	3	0
2014	4	1
2015	1	0
2016	3	1
2017	0	0
合计	13	4

[1] MUGIME S M J, MAHALAMBE F M, COSSA J, et al. Estudos sobre formação inicial de professores em Moçambique e sua relação com as políticas de formação de professores (2012-2017) [J]. AAPE, 2019, 27(49): 2-16.

通过上表可以看出，莫桑比克学者发表的教师教育相关论文数量较少，在 2017 年，甚至一篇教师教育相关论文也没有发表。根据主题对上述教师教育相关的期刊论文和博士学位论文进行分类，其结果如表 9.4、表 9.5 所示。

表 9.4 2012—2017 年莫桑比克有关教师教育的期刊论文主题

单位：篇

主题	发表数量
莫桑比克教师教育的复杂性	1
莫桑比克师范教育的模式	2
教师培训及包容性教育	3
教师培训及职业发展	2
性教育主题在教师教育中的体现	1
教师教育政策在消除文盲过程中所遇到的挑战	1
莫桑比克的师范教育体系	1
教师的专业知识培养	2

表 9.5 2012—2017 年莫桑比克有关教师教育的博士学位论文主题

单位：篇

主题	答辩数量
教师培训及双语教育	1
小学教师培训及包容性教育	2
教师职业素养及教学活动	1

从上表可以看出，2012—2017 年的期刊论文与博士学位论文的主题较单一，一般以教师培训方式、包容性教育、教师职业素养等为研究方向，这与这一时期莫桑比克国内新教育政策的落实以及教育普及政策的完善有关。

近年来，莫桑比克教育事业快速发展，接受基础教育的人数大量增加，与此同时，莫桑比克的教育政策对从事小学和中学教育工作的教师提出了新要求，如提高教学质量等，而这些恰恰是教师教育的重要内容。为进一步推动教师教育的发展，莫桑比克教育部近年来颁布了不同的教育战略计划，如《2004—2015年国家教育战略计划》《2012—2016年教育及文化战略计划》等。这些战略计划针对莫桑比克教师教育提出了多元化的培养方案和培养模式，以满足当下莫桑比克国内教育事业的发展需求。除此之外，在《小学教育计划（2004）》与《中学教育计划（2008）》中，莫桑比克教育部还引入了学生能力培养、课程内容本地化与灵活化，以及跨学科知识等概念。这说明莫桑比克教师教育的发展方向随着国家教育政策方针的调整而有所调整。

第二节 教师教育的特点和经验

一、教师教育的特点

（一）教育政策的制定是推动教师教育发展的重要因素

纵观莫桑比克教师教育的发展历程，教育政策的制定是推动教师教育发展的重要因素之一。

根据2004年《莫桑比克共和国宪法》第三条规定，受教育权是莫桑比克人民的基本权利之一。1999年莫桑比克教育部颁布的《教学管理条例》明确规定“应大力推动教育的普及化，向广大人民群众提供高质量的教育。为满足莫桑比克国家发展的需要，教育应促进科学知识及技能的发展，并以培养国民正确的价值观为目标”。在这样的框架下，许多具体的教育政策都相应地将教师教育视为一种提高国民受教育程度及改善国家教育整体质量的有效手段之一。例如，莫桑比克教育部颁布的《2006—2011 年教育战略计划》明确指出，根据教育普及政策及其他国际条约的有关规定，教师教育在国家教育战略计划中享有重要地位。为完善和优化教师教育，应采取以下措施：①落实小学教育改革，对教师的教学能力提出进一步要求；②在师范类院校中，着力协调学生性别比例；③通过远程教育等方式为在职的中小学教师提供更多的培训机会；④在全国范围内增加师范类院校的数量。

随后，《2012—2016 年教育战略计划》也强调了教师职业培训、职业能力及职业动机的重要性。该文件指出，师范教育与教师培训是战略计划的核心内容之一，是提高教师专业水平及职业素养的必要手段，是提升国家教育质量的重要保障。除此之外，该文件还指出，教师教育应考虑到教师职业的特殊性，也就是说，教师作为课堂教学活动的参与者，其职业发展与课堂教学密不可分。同时，在推进莫桑比克教学模式多元化的过程中，教师的作用也不容忽视。因此，教师教育应强调教师在课堂中所扮演的角色不仅仅是知识的传播者，更是以学生为中心的教育者和促进基础教育优化转型的引导者。在考虑到教师职业特殊性的基础上，《2012—2016 年教育战略计划》提出了教师教育的三项基本原则：①专业知识与教学技能相结合，在教学过程中做到因材施教；②加强教师之间的交流，特别是年轻教师与年长教师之间的交流；③强调教学过程中自我反思的重要性，提倡教师发挥自我批判精神，在反思中提高自身的教学能力。

（二）全面多元的教师教育制度

莫桑比克的教育管理部门、学校和教师等相关主体在近年来均开始重视教师教育。目前，莫桑比克正逐步形成一套比较全面的、适用于全体教育工作者的教育与培训制度。同时，莫桑比克政府还强调各相关部门在具体实践工作中积极开展合作，共同组织和协调培训活动项目，及时跟进教育及培训情况。

国家独立后，莫桑比克教育部以指导性政策为基础，设立多样化的教师培养模式。正如前文所提到的，由于国内人口受教育程度偏低、教师岗位缺口较大，且缺少教师教育相关政策和统一的教师培养方案，所以莫桑比克教育部针对具备初中或者高中学历的基础教育阶段教师提供了不同模式的教师培训，培训的地点一般设在位于首都的莫桑比克教育大学或者分布各地的师范学院。如表 9.6 所示，根据已有最高学历、培训时长，以及教育阶段，莫桑比克的教师培训可以分为以下模式。

表 9.6 莫桑比克教师教育的模式

模式（已有最高学历+培训时长）	针对的教师群体
四年级+4 年	小学教育
六年级+6 个月	小学教育
六年级+1 年	小学教育
六年级+2 年	小学教育
八年级+2 年	小学教育
九年级+1 年	小学教育
九年级+2 年	小学教育
九年级 / 十年级+3 年	小学教育
六年级 / 七年级+3 年	小学教育
十年级+2 年	中学教育
十年级+1 年+1 年	中学教育

续表

模式（已有最高学历+培训时长）	针对的教师群体
十年级+2.5 年	中学教育
十年级+1 年	中学教育
十二年级+1 年	中学教育
十二年级+4 年	本科教育
短期培训（两周至四个月）	中学教育

从表中可以得知，每位教师都可以根据自身的学历水平及实际需要选择不同的培训模式。例如，只取得初中学历（完成十年级学业）的教师，可以选择“十年级+1 年+1 年”模式或者“十年级+2 年”模式的培训方案（即 1 年理论学习加 1 年教学实习或 2 年理论学习）；对于已经完成高中学业的教师可以选择进入公立大学（爱德华多·蒙德拉内大学教育学院或莫桑比克教育大学）接受师范专业本科教育。

值得注意的是，教师培养模式随着莫桑比克国内的教育情况而不断调整。例如，莫桑比克政府近期打算不再提供“十年级+1 年”模式与“十二年级+1 年”模式的教师培训方案。这两种模式虽然能在短期内填补教师职位的空缺，但是由于培训时长较短，所以参加这两种培训的教师往往无法全面掌握基础教育的专业知识，教学技能也并未得到锻炼与提升。

除此之外，正如前文所述，莫桑比克教育针对在职教师、教育管理人员以及教师教育专职人员也提供不同的培训课程。

从总体上看，莫桑比克教师教育培训模式的全面多元体现为目标受众的多元化和教学内容所关注角度的多样化，这不仅有助于不同领域的教育工作者提升自身的专业水平，而且有利于提升各教育单位的业务能力与协调能力。

（三）实践与理念并重

教育实践是培养教师专业能力的重要环节，实践使教学过程摆脱了程序式的束缚，成为一种尊重差异、体现个性的多元范畴体系。

莫桑比克的教师教育注重教学实践在教师教育中的重要作用。在教学实践方面，教师培训项目（特别是小学教师培训项目）重视培养教师现场实地教学的能力（如通过开展教学技能大赛提升教师教学能力），同时还根据教师的专业领域拓展其职业技能，鼓励教师积极参加国内外相关主题研讨会等，通过学术交流的形式提升自身职业能力。

除此之外，莫桑比克教育部还重视提升教育工作者在教学、管理、领导等多个方面的综合能力，并致力于营造一个具有吸引力、富有教育意识的社会环境。

二、教师教育的经验

教师教育作为提升一国教育质量的重要环节，其发展是全面推进素质教育的基本保证。莫桑比克教师教育虽然发展缓慢且存在众多问题和挑战，但是莫桑比克政府在摸索教师教育发展的过程中所总结出的经验值得学习借鉴。

（一）注重提高教师自身的专业素养

传统的教师教育一般只重视知识的传授和讲解，在评价机制上侧重于标准化的考试。但是，目前的教师教育是使学员在引导下、在特定的环境中构建新的知识架构，而非简单的知识传授。[1]

莫桑比克教师教育注重因材施教，教师可以根据自身情况选择适合的培训项目。教师教育的教育对象多元化，既包括了师范专业的学生，又覆盖了各教育机构的管理人员。此外，各类教师教育模式始终坚持通过合作教学、经验交流与开展实践等方式，全面提升教师综合素质，重点关注教师的专业能力、技术能力以及教学必备的实践能力。

（二）注重教师教育的课程建设

教师教育是一项跨学科、全方位且具有时代性的教育工程。从教师教育的内容看，它不仅包含本学科的专业知识，而且常常需要学员融会贯通其他领域的知识，如教育学、心理学、社会学等。从影响因素看，教师教育的方式受到一国政治体制、社会发展、经济水平等多方面的影响。从参与主体看，教师教育的可持续发展需要国家、社会、机构以及教师个人之间的相互协调与合作。

全面多元是莫桑比克教师教育的特点之一。莫桑比克教育机构关注多元的目标受众。从不同专业的教师到学校不同层级的管理者，再到各职能部门的新任从业者，各级各类教育工作者均能在其专业领域得到针对性的提升，并且在多样化的课程体系中提升自身综合素质。

[1] JONASSEN D, ROHRER-MURPHY L. Activity theory as a framework for designing constructivist learning environment [J]. Educational technology research and development, 1999, 47(1): 61-79.

第三节 教师教育的挑战和对策

一、面临的挑战

莫桑比克教师教育的发展水平不高，所面临的挑战突出表现在以下三个方面。

（一）政府对教师教育的政策支持不足

对于任何国家来说，教师教育在提高本国教育质量以及助力人才培养方面都有着不可替代的作用。在制定教师教育相关政策时，政府需要在充分了解本国教师教育发展需求的前提下，制定全方位、立体化的政策，并且要根据时代发展需求，不断对政策做出相应的调整。

就莫桑比克而言，虽然该国在进入21世纪后颁布了与教师教育相关的教育政策，但政策数量相对较少且针对性不强。莫桑比克教师教育领域的政策支持不够全面、具体，并且教师教育政策及教育模式不具有稳定性及统一性。

（二）教师教育的教育水平较低

莫桑比克教师教育在培训体系、培养目标、课程设置等方面的发展不够完善，缺乏系统有效的内部评估管理机制。

目前，莫桑比克的教师职前培训仅仅为教师专业培养的起步阶段，教师教育体系尚未完全建立。突出表现为莫桑比克教师教育的整体布局和层次结构并不合理，教育部尚未出台系统化的教师教育制度，各教学单位缺少统筹安排教师教育的专门部门，教育工作者个人缺少制订长远的、详尽的发展规划的方法。在地方层面，莫桑比克各级地方政府对教师教育职业发展不够重视。在培训机构层面，莫桑比克教师教育的相关院校与政府、学生之间缺少沟通，开展教师教育的培训人员的资历较浅、教学经验不足，开展的教学活动缺乏针对性，不同培训机构、不同培训项目之间的衔接性较差。

同时，莫桑比克教师教育培训目标和定位不够明确，课程设置需要改进。虽然莫桑比克教育部为满足不同教师的培训需求提出了不同的培训模式，但不同模式的入学标准、培训内容、学习目标都差异较大，如此一来，不利于政府对教师教育制定统一的标准，而且这些差异巨大的培训模式可能进一步扩大教师队伍内部差距。

除此之外，教师对教师教育的反响不强。爱德华多·蒙德拉内大学在2019年开展了一项关于莫桑比克教师对本国教师教育看法的调查。该调查以地区为单位将受访者分类，在莫桑比克南部地区，仅有38.8%的教师认为本国教师教育达到了合格水平，61%的受访者则认为本国教师教育的质量较差。而在中部地区和北部地区，有83.3%的教师认为莫桑比克的教师教育并不达标。受访教师将限制教师教育发展的原因归为培训时长较短、参与培训的教师学习意愿低、教学材料欠缺等因素。表9.7呈现了莫桑比克教师对本国教师教育的看法。[1] 可以看出，教师们对该国教师教育的评价差异较大。许多莫桑比克教师认为现行的教师教育体系优点与缺点并存。优势主要体现在课程内容的设置以及理论与现实结合的模式等几个方面。与此同时，受访者也认为参与者积极性较低、教学资源有限、学时较短等问题限制了教师教育质量的提高。

[1] MUGIME S M J, MAHALAMBE F M, COSSA J, et al. Estudos sobre formação inicial de professores em Moçambique e sua relação com as políticas de formação de professores (2012-2017) [J]. AAPE, 2019, 27(49): 2-16.

表 9.7 莫桑比克不同地区教师对教师教育的看法

地区	关于教师教育质量的看法	
	长处	不足
南部地区	在教学法、教育学，及心理学等不同领域提供指导	授课教师水平有限、理论学习及教学实践的时长较短、不同科目的课时分配不合理
中部地区	课程内容丰富	授课教师水平有限、理论学习及教学实践的时长较短、课堂参与度较低、教学材料不足
北部地区	课程的实用性强（与教师未来职业发展相契合）、多样化及现代化的学习模式、课堂参与度较高	学生学习及教师教学的积极性普遍偏低、教学材料不足

（三）缺乏学习自主性及自我反思能力

爱德华多·蒙德拉内大学在 2019 年开展的这项关于不同地区教师对教师教育看法的调查显示，在来自莫桑比克南部、中部及北部的教师中，分别有 88.8%、100% 和 60% 修读师范教育课程的受教育者学习兴趣低，缺乏学习自主性以及自我反思能力。[1] 导致这一现象的原因主要包括以下四点。①教学计划缺乏灵活性，各院校的教学内容和教学进度必须完全以课程计划为标准。②培训强度过大，且大多采用讲授为主的“填鸭式”教学法，不利于培养受教育者的创造力和批判精神。③授课教师的学术水平不高且知识储备严重不足，许多受访者表示在课堂上经常出现教师无法回答学生问题的情况，这使得莫桑比克的整体教育水平难以在短时间内迅速提升。④缺少现代化的教学硬件设备，这在一定程度上限制了学生创造力的发挥。

[1] MUGIME S M J, MAHALAMBE F M, COSSA J, et al. Estudos sobre formação inicial de professores em Moçambique e sua relação com as políticas de formação de professores (2012-2017) [J]. AAPE, 2019, 27(49): 2-16.

（四）地区发展不平衡

莫桑比克教师教育的发展面临着地区差异大，对不同专业、不同层级的教师教育关注程度不均衡，以及国内缺少关于教师教育的学术研究等问题。从地区分布上看，莫桑比克的教师培训机构主要聚集在首都马普托市，由于首都教育工作者数量较多，各项教育政策、各种教育设备、各类教育培训等向其倾斜。在学术研究方面，莫桑比克涉及教师教育的学术研究成果数量较少，研究领域局限，这不仅导致了莫桑比克教育工作者对本国教师教育缺乏深刻的认识，而且阻碍了教师教育的改革进程以及教育国际化进程。

二、应对策略

虽然莫桑比克教师教育发展缓慢，但是近年来，各级教育单位开始给予教师教育更多的关注，从体系完善、目标设定、课程设置、评估管理等方面进行规划，为莫桑比克的人才培养注入动力。

（一）推行教学试点，增强同行交流

推行教学试点等，一方面有助于教师同行之间交流经验，提升教师队伍的专业素养，扩大教师的视野；另一方面又有助于教师在实践中发现的新问题及时得到解答与反馈，进而提升教师的自主学习与自我反思能力。

基于这样的认识，为推动教师教育发展，莫桑比克教育部于1999年颁布了《教学试验区管理办法》。教学试验区的教学人员由从事小学、初中及高中教育的教师组成，成立试验区旨在促进从小学到高中不同阶段教师之

间的交流。教学试验区由一名教师统一管理（通常为一所加入教学试验区的学校负责人），该教师除管理工作外，也负责教师培训工作，为试验区内的教师提供教学上的指导与帮助。

教学试验区的建立有以下两个优点。第一，教学试验区使得每名教师的日常教学工作与教师培训内容相结合。高等教育机构所设置的教师培训项目一般以理论学习为主，但教学试验区的培训项目能将教学理论与教学实践相结合，从而引导教师在日常教学中进行反思。第二，教学试验区的集体备课环节搭建了一个教师间交流教学经验的平台。通过这个平台，教师可以改良教学方法，优化教学策略，提高教学质量和效率。

（二）调整课程内容，满足不同教师群体的需求

由于教师教育的对象涵盖各个教育阶段的教师，其内部差异较大，不同教师对教师教育的期盼并不相同，加之教师群体的整体水平受到社会发展水平的深刻影响，所以教师教育需要兼顾针对性、专业性和时代性。考虑到莫桑比克教师教育的现状，莫桑比克政府对教师教育的教学结构和课程内容提出了进一步的要求。例如，莫桑比克各级教育部门和机构针对不同学历的教师开设了不同的培训项目。再如，教师培训内容不是局限于基本的教育学知识，而是涵盖了现代信息技术在教学中的使用等跨领域知识，教师教育逐步呈现出学科交叉的特点。这样一来，既可以提升教师多方面的教学能力，又可以引导教育工作者教授学生符合就业市场需求的技能。

三、结语

从总体上看，莫桑比克的教师教育水平依然处于相对落后的水平，其教师教育体系存在诸多问题。例如，教学模式内部缺乏稳定性、教学材料不足、师资力量不强等。但是近年来，随着教育部对教师教育的重视以及一系列教师教育政策的出台，师范院校数量逐年增加，教师教育质量也有所提高。

第十章 教育政策

第一节 政策与规划

2020年，莫桑比克教育部发布了《2020—2029年教育战略计划》（本章简称《战略计划》）。《战略计划》是指导莫桑比克政府目前教育发展路线的纲领性文件，也是反映莫桑比克未来教育走向的重要文件。《战略计划》旨在协调不同教育主体为国家教育体系的发展做出努力，从而提供更优质的教育服务，确保建立透明的、可参与的，以及高效率的教育行政管理体系。

一、基本原则

《战略计划》以《莫桑比克共和国宪法》为基础，旨在保障莫桑比克教育的包容性、公平性与平等性。该文件明确指出接受教育以及文化培训既是所有公民的权利，又是所有公民的义务。除了传授科学文化知识，教育也应该培养公民责任感、民主意识、爱国意识，培养包容、团结和尊重他人的道德品质，培养受教育者正确的人生观与价值观。

二、愿景和使命

《战略计划》所提出的愿景和使命与其他许多纲领性文件一脉相承，如《莫桑比克共和国宪法》《国家教育体系法》《政府五年计划（2015—2019年）》《2025年议程》《2030年可持续发展议程》等文件。这些文件为《战略计划》中的具体教育政策主要提供了以下参考。①《莫桑比克共和国宪法》明确规定所有莫桑比克国民享有受教育权。②《国家教育体系法》强调以和平、对话、包容、公平和平等的方式推动公民意识的培养。③《政府五年计划（2015—2019年）》提出莫桑比克政府应努力推动建立一个具有包容性的教育体系，用以提升国民的整体素质。④莫桑比克教育部的《2025年议程》强调普及基础教育的重要意义。⑤莫桑比克政府颁布的《2030年可持续发展议程》强调应确保全体莫桑比克国民拥有获得高质量教育的机会，并在此基础上努力培养全民的终身学习意识。

（一）愿景

《战略计划》明确指出教育对莫桑比克社会的重要意义，并将其表述为“培养具备知识、技能、文化、正确价值观的公民，使其能够适应时代的发展并成为凝聚国际社会的力量”。

根据莫桑比克政府关于教育作用的认识，可以看出，一方面，教育应该培养莫桑比克公民的全球视野以及文化自信，以提升莫桑比克在国际社会事务中的参与度；另一方面，实现这一愿景也意味着莫桑比克需要建设一个高质量且国际化程度高的教育体系，为社会的稳定、可持续发展提供知识和技能的保障。

（二）使命

《战略计划》指出，莫桑比克教育政策的制定应有利于“推行公平、高效和创新的教育制度，以确保终身学习质量”。首先，这一使命意味着公平性在发展国家教育事业的过程中极其重要，在确保教育公平的前提下政府才能够采取具体措施，满足不同性别以及有特殊需求的弱势群体的教育需求。其次，国家教育体系的运行效率也起着至关重要的作用，各级政府及教学单位必须以高效的方式确保学生的教育参与率并积极努力提高教育质量。最后，全球经济不断变化，国家社会发展日新月异，这些变化要求教育工作者不断创新教育方式，在教学过程中融入新技术和新理念，为国民提供多样化的、灵活的学习模式。

三、主要战略目标

《战略计划》旨在采取不同的措施以实现《2012—2016/2019 年教育战略计划》中制定的主要目标以应对新时期的挑战。《战略计划》的目标具体包括以下三方面。

第一，优化国民教育体系，提高各教育阶段的教育质量。具体内容包括降低学生缺勤率，提高各级教育部门的行政效率，保障学生平等入学的机会，优化不同教育机构基础设施，实施学校供餐计划，大力发展远程学习模式，在社区加大对教育的宣传力度，强化区域与国际教育交流，推动莫桑比克教育的国际化进程。

第二，确保教学过程中学生的学习质量。与前一目标相比，这一目标着眼于提高各类教育机构的教育质量，包括提升教师教育及培训的水平，创新课程设置与人才培养方案，推广双语教学，完善教学过程中对教师的评价机制以及对学生学习的评估机制。

第三，在透明与高效两大原则的指导下，改善教育行政效率，提升各级教育部门之间的协调能力与合作能力。莫桑比克政府提出了以下具体措施：提高各级部门规划、执行、监测和评估等方面的行政能力；加强学校管理，降低学校管理者和教师的缺勤率；完善人才的选拔、培训、管理和评价机制以及教育监督和检查机制；开发教育信息管理系统，以准确、全面、有代表性的数据作为制定各类教育政策的依据；加强各教育部门人员之间的沟通。

为实现以上三项教育目标，《战略计划》提出了具体实施方案。首先，莫桑比克教育部应注重课程的实施情况，确保全国各地学生都享有接受小学教育的机会，提高国民基本识字能力和算术能力。其次，莫桑比克各级政府应致力于提升各教育阶段的教育公平及教育多样化，让教育内容符合国家经济和人类发展的需要。最后，加大对学校基础设施的投入，对教师进行初步和持续的培训，优化教育行政体制，进一步推广使用现代信息技术。

莫桑比克政府重视人力资源的专业化和培训上岗，下放教育管理权力，以增强地方教育部门的管理能力。此外，针对不同的教育阶段，莫桑比克政府提出了不同的指导政策。例如，莫桑比克政府在《战略计划》中强调职业教育和高等教育应持续保持高层次、全方位的发展；职业教育与成人教育之间应做好衔接，应努力提高莫桑比克专业技术人才的就业竞争力，并协助其适应劳动力市场的需求；高等教育发展的当务之急应是提升高校教师的教学与科研水平，以此提升国家人才培养的质量。

第二节 实施与评估

本节将介绍《战略计划》的实施和评估情况，《战略计划》的执行、监测和评估均以各级政府部门的相关规定为准则。

一、实施情况

《战略计划》作为体现莫桑比克当前教育政策的主要文件，不仅为莫桑比克教育部政策的制定与推行提供指导，而且也协助落实国家文件和国际议程中的教育相关目标。

（一）落实《战略计划》的主要文书

《战略计划》目标的落实主要体现在以下文件规划中。首先是《政府五年计划（2015—2019年）》，它是莫桑比克政府对国家发展的规划性文件，包括行动汇总表以及用于制定年度规划的相关指标、目标和活动。每个五年计划的提出都以上一个五年计划的实施情况为依据，进行适当的更新与调整。此文件涉及了莫桑比克教育体系中的不同阶段和类型（即学前教育、小学教育、中学教育、高等教育、成人教育等）以及教育行政体制的发展。其次是《经济和社会计划》，它负责指导各级政府部门的战略规划与运作。此规划及其预算的提案每年由中央行政机构、省级行政机构和地区行政机构提出，随后根据级别分别提交至共和国议会、省议会和地区议会批准。第三是《活动方案》，该文件与《政府五年计划（2015—2019年）》和《经济和社会规划》相比，更强调教育领域具体措施的落实。例如，评估各教育阶段发展规划的子方案以及资金来源情况等。

（二）实施《战略计划》的相关主体

《战略计划》的实施一般由三个层级的政府部门执行，中央级一般为莫桑比克教育部等中央机构，省级部门即省级地方教育管理机构，地区级部门即地区教育管理机构。为实现《战略计划》的目标，不同主体（如政府部门、不同教育机构、教师、学生及其家长）都被纳入讨论范畴，这在一定程度上体现了莫桑比克教育发展具有多方参与、合作包容的特点。监护人、社区、私营企业、非政府组织、民间团体和国际合作伙伴在提供和寻求教育服务方面都起着重要作用。

（三）现代信息技术在《战略计划》中的应用

莫桑比克在推行《战略计划》中的教育政策时，还制定相关的宣传战略，如借助现代信息技术（如互联网等）确保战略实施过程中信息的及时性等。

（四）《战略计划》实施过程中的主要挑战

《战略计划》的实施同时面临着来自外部和内部的挑战，这些挑战可能会对实现预期目标带来不良影响。外部挑战主要来自以下六个方面：①社区对教育价值及其有用性的消极看法；②军事冲突（影响学校和所在社区的安全）；③破坏社会稳定的社会团体和恐怖主义行动；④自然灾害（毁坏基础设施、家具和教育资源）；⑤疾病；⑥政府财政状况不佳。内部挑战主要包括以下三方面：①高素质人才流失严重；②各级政府部门技术和管理能力薄弱，在权力下放进程中，地方一级的机构职责增多，效率降低；③部分公职人员失职。

二、评估情况

在《战略计划》实施期间，莫桑比克政府将对教育政策的落实情况进行三种类型的评估，即年度评估、中期评估以及外部独立评估。年度评估是指各级教育部门每年定期对教育政策的落实情况进行全面的评估；中期评估指在 2024 年修订《战略计划》前进行一次评估，以便调整优先事项和目标，来适应治理周期和不断变化的经济、政治和行政情况；外部独立评估旨在参考非教育部门对教育政策执行情况的评估结果，为今后战略的制定提供指导性建议。

第十一章　教育行政

在殖民统治以前，莫桑比克教育主要表现为通过宗教仪式等传统方式传授简单知识和传统价值观，这样的传统教育并不具备系统化的教育行政。15 世纪末，葡萄牙人登陆莫桑比克，莫桑比克建立起了现代化的学校。这一时期莫桑比克的教育实际上是以服务宗主国利益为核心的：学校要么是以殖民者子女为教育对象，以科学文化知识为教学内容的私立学校；要么是以莫桑比克人为教育对象，以传播宗教为教育目的，由葡萄牙天主教传教士管理的本地学校。独立后，莫桑比克政府明确提出将发展教育列为国家建设的首要任务之一，民主化和系统化的现代教育行政模式逐渐成形。本章将梳理莫桑比克教育行政的文件背景，展示莫桑比克教育行政机构的具体设置情况，回顾近年来的发展历程，探讨其所面临的挑战和机遇。

第一节　教育行政的文件背景

了解文件背景是理解教育行政的突破口。教育行政活动与其他行政活动一样，在履行职责时一般都重视体现国家的理念、意志和愿望，注意贯彻国家的政策和法规，并在国家法律所许可的范围内行使管理教育的权限。[1] 换言之，了解莫桑比克教育行政系统处于怎样的法律框架之中，明确相关文件对教育行政做出了怎样的规定，有助于更好地理解莫桑比克教育行政系统的设置。莫桑比克有关教育行政的法律文件体现了民主化和系统化两个特点。由于第十章已详细介绍相关文件，本章仅对与教育行政相关的内容做提炼。

一、关于教育民主化的文件

《莫桑比克共和国宪法》作为莫桑比克的根本法，确认和保障了莫桑比克公民平等接受教育的权利。如 2004 年修订版《莫桑比克共和国宪法》的第 88 条直接规定了公民的受教育权：“在莫桑比克共和国，教育是所有公民的权利和义务。国家将促进其他类型教育与职业教育的衔接，保障所有公民平等享有受教育权。”再如，第 35—37 条规定，无论肤色、性别、族裔、出生地、宗教信仰、社会地位、职业、政治倾向、身体状况（残疾或健全）、父母的婚姻状况等，所有公民平等享有《莫桑比克共和国宪法》所规定的权利，其中包括了受教育权。具体到不同的教育阶段，以高等教育和儿童教育为例。《莫桑比克共和国宪法》第 114 条对高等教育做出规定：保证所有公民有均等的进入公立高等教育机构的机会，提高对教育和教育工作者水平的要求，依法许可并监督私人办学和合作办学。该规定从法律层面确保了高等教育的民主化，并通过增加不同类型的教育机构来增加公民接受高等教育的机会。儿童教育涉及学前教育和义务教育两个阶段，《莫桑比克共和国宪法》第 120 条针对儿童教育做出相关规定：家庭和国家必须确保儿童的受教育权；无论儿童是否处于义务教育年龄，均禁止充当童工。

[1] 吴志宏．教育行政学 [M]．北京：人民教育出版社，2000：3-14.

该条款为儿童受教育权提供了法律前提。

除上述直接规定教育机会均等的条款之外，《莫桑比克共和国宪法》还通过对教育内容做出相关规定，确保教育的民主化。例如《莫桑比克共和国宪法》第9条将莫桑比克民族语言列为文化遗产，并要求推进民族语言的教学。此举从语言教学的具体内容层面，利于对莫桑比克不同民族文化进行保护和传承，照顾不同民族学生的主体地位，推动教育民主化。《莫桑比克共和国宪法》第113条规定：政府将通过国家教育体系来组织和发展教育，国家不会根据任何特定的哲学、美学、政治、思想或宗教准则来对教育和文化的发展制定约束性计划。这是莫桑比克教育行政中对教育内容民主化的法律保障。

二、关于教育系统化的文件

在体现《莫桑比克共和国宪法》关于教育民主化意志的基础上，莫桑比克政府出台了若干重要的教育行政文件。这些文件与《莫桑比克共和国宪法》彼此配合，共同对教育事业做出规范，这体现了系统化的特点。例如，《2030年可持续发展议程》对涉及教育规划和教育行政的法律要点再次进行了强调，重申了大众受教育的权利，要求国家教育行政进行相应调整，增加民众获得终身教育的机会，从而推动教育民主的发展，提高教育权利保障水平。该议程在义务教育学制、性别平等，以及保护弱势群体三方面提出了尚可改善的法律愿景。再如，《2012—2016/2019年教育战略计划》提出该时间段内教育事业发展的主要目标时，也对民主化的教育管理做出了相关要求，即在两大前提下进行改革：一方面，在改善学生学习这一大目标下，提高教育行政的管理水平，通过严格筛选教育管理人员、科学定岗并对其进行培训，从而提高教育管理的效率和质量；学校加强对教育管理人员的监督和评估；加强针对学校各管理部门的培训。另一方面，在提升国家教育体系管理水平这一大目标下，优化各教育部门执行计划和管理资源的模式；加强对学校管理部门的监督和检查力度，落实问责制和各项标准以及规范。

再如《2020—2029年教育战略计划》同样强调了优化教育行政的重要性。《2020—2029年教育战略计划》对未来十年的教育行政改革做出了专门规划。具体而言，《2020—2029年教育战略计划》指出，莫桑比克教育行政改革已经取得了重大进展，但仍面临许多挑战，学校管理不善是长久以来被诟病的社会问题。未来几年中，莫桑比克教育行政改革的大方向应包括以下三个方面：①区级监督以学生学习为重点；②派遣受过专业培训的校长以提升学校自我管理水平；③更好地利用现有资源优先用以改善基本的教学条件。

此外，《国家教育体系法》对莫桑比克国家教育体系中各阶段与各类型教育做出了合理分工。国家教育体系下分学前教育子体系、基础教育子体系、成人教育子体系、教师教育子体系、职业教育子体系和高等教育子体系。联合国教科文组织对莫桑比克教育事业做出评估：随着近年来的不断发展，莫桑比克的教育管理有所进步，但莫桑比克政府仍应该促进国家立法现代化，并加强国家法律框架与国际或地区标准之间的协调，以进一步规范国家教育部门行政。[1] 莫桑比克政府对教科文组织的提议表示赞同，认同将国际标准纳入本国法律秩序，使国际标准本地化。为响应国际社会要求，莫桑比克共和国议会于2018年批准修订了《国家教育体系法》，对基础教育的班制和课程计划做出调整，规定义务教育为九年（原七年）以使其适应最新的社会需求。

尽管国家教育体系逐步系统化，教育行政也随之得到发展，但是还有

[1] Research Insitute José Negrão. Mozambique: effective delivery of public services in the education sector[M]. Johannesburg: Open Society Initiative for Southern Africa, 2012: 113.

值得完善的地方。例如，《2030 年可持续发展议程》提出，莫桑比克政府应进一步采取措施，使教育行政与 1997 年《南部非洲发展共同体关于教育和培训的议定书》，与非洲联盟的《2063 年议程》，与联合国教科文组织《取缔教育歧视公约》《经济、社会、文化权利国际公约》及其议定书等文件中的相关主张保持一致，这都体现教育行政文件指导系统化的特点。

第二节 教育行政机构设置

一、中央行政机构

如前文所述，莫桑比克教育行政在逐步完善的国家教育体系框架下呈现出系统化的特点。不同教育子体系的课程和计划都受相关法规的约束，而莫桑比克教育部负责总体规划、管理和监督国家教育体系，以确保其统一运行。本书第一章介绍莫桑比克政治制度时提及的部长会议是国家最高执行机关，也是国家教育体系的责任机构之一，负责协调国家教育体系的管理工作，确保国家教育事业与政府部门的其他工作相协调。

莫桑比克教育部是莫桑比克教育行政中的主要执行机构，其主要职责包括制定教学指导方针和教学计划；确定教学人员和非教学人员招聘需求、制定培训和管理规范；确立教育机构的运作规范，并根据机构规模为其提供教学和行政人员；监督和检查教学活动；制定公共教育日历等；全面管理下属的教育部门。莫桑比克教育部由十个部门组成：国家财政行政局、国家小学教育局、国家职业技术教育局、国家中学教育局、国家成人教育局、国家人力资源开发局、国家教师教育局、国家教育资源管理局、国家计划局、督察部门。

莫桑比克教育部部长、副部长和常务秘书是教育行政中的最高领导层级。教育部部长有两个顾问团协助，这两个顾问团为教育部部长提供信息并起草建议书。顾问团包括理事会和委员会。顾问团的理事会由教育部中高层领导干事以及教育部下属部门的负责人组成。顾问团的委员会由中央教育行政人员和各省的教育主管组成，委员会成员共同协调、计划和指导中央及各地方教育机构开展教育活动。

在 2005 年以前，莫桑比克的高等教育、职业教育和科学技术相关事宜均由科技、高等教育和职业教育部管理；2005 年以后改为：高等教育由教育部负责，而科技和职业教育相关事宜继续由科技、高等教育和职业教育部管理。机构责任调整后，科技、高等教育和职业教育部虽不再负责管理高等教育事务，但沿用原机构名。如今，莫桑比克高等教育主要由三个国家机关负责，即高等教育委员会、国家高等教育委员会和国家教育质量评估委员会。其中，由若干大学副校长组成的高等教育委员会向教育部提供公共政策咨询。由私立部门、政府、大学和社会代表组成的国家高等教育委员会（此机构为国家层面，不同于由副校长组成的高等教育委员会）为部长会议提供建议。根据法律，莫桑比克的高等教育机构是自治的，直接同经济和财政部讨论预算拨款。

二、地方行政机构

尽管莫桑比克国家教育体系的管理具有集中性，但教育部的一些职能已经转移到各省和直辖市下属的地区和学校。莫桑比克共有 10 个省份和 1 个直辖市，各省（直辖市）均设有省级（直辖市）教育局，省（直辖市）教育局由省长（直辖市市长）领导，执行教育部的教育政策，监督各省（直辖市）内部的教育行政情况。各省（直辖市）教育局局长由教育部部长根据省（直辖市）政府意见或其推荐任命。

根据国家行政区划，学区是各项教育计划实施的地域基础（高等教育除外）。因此，每一学区的教育需求是构成所在地区整体教育需求的基础。在省教育局与省内各学区对接的过程中，省教育局局长应该对学校长期、短期的定量、定性需求有一个整体认识。每个省的省级教育局下辖数个区教育局，区教育局局长由省长根据省教育局局长的提议任命。[1] 莫桑比克共有 146 个区级行政单位，各区级教育局直接管理由各校长领导的教育机构。每个教育机构设一名校长、两名副校长，两名副校长分别主管教学和行政事务。

除上文介绍的教育部、省教育局和区教育局以外，莫桑比克还有其他机构参与教育行政，如地方技术与青年教育服务局和国家教育发展研究所。地方技术与青年教育服务局是一个相对独立的机构，专门负责地区监督和学校指导，同时负责省级教育情况分析和审计检查。国家教育发展研究所则专门负责基础教育阶段的课程开发、全国小学和中学教师培训等事务。

第三节 教育行政运行现状

一、行政改革

莫桑比克政府不断对教育行政部门进行改革，在政府政策指导和公共投资的支持下，国家教育行政部门的改革成果显著。近年来，政府将公共支出总额的 18%—22% 分配给教育部门，符合《达喀尔纲领——全民教育：

[1] 莫桑比克行政区划分为三级，中国外交部网站介绍为“省、市、县”，其中第三级，葡萄牙语原文为 distrito，英文对应 district，本书作者认为此处翻译为“区”更为适宜，因而行文中使用“区长”。

履行我们集体的承诺》（一份多国政府关于实现全民教育各项目标的承诺）确定的参考值（20%）和南部非洲发展共同体制定的教育支出占政府公共支出总额的基准（22%）。[1]

据莫桑比克教育部的分析显示，尽管教育行政部门在规划、预算、执行、监测和评估方面的工作能力有显著提高，但在教育体系的管理方面仍然面临挑战，因而未来有必要在国家教育体系各层级中优化决策、实施和协调的过程，以确保成果正确导向。

2000 年，教育部启动了权力下放进程，地方关于课程开发和自我监管的权力加大。这一改革允许地方将 20% 的国家基础教育课程设置为“本地课程”，即由本地机构开发课程内容，在与国家教育体系的原则、目标和结构不相悖的前提下，各地可以根据实际情况对国家教育计划进行本地化调整。这是莫桑比克基础教育课程改革的重大创新之一，这样制定出的“本地课程”可以满足各地学生的个性化学习需求。

2018 年的《权力下放法》在基础教育和职业教育的子体系中规范了教育部门的权力下放流程。

权力下放的目的在于增加省和地区一级的决策权力，并为省和地区一级规划增加人力、物力和财力，助力使决策更贴近各地实际情况和政策受益者。但是，权力下放的同时有必要提高下放当地的行政能力，特别是人力资源应用方面的能力，以使下放的权力能以科学的方式被合理高效利用。

二、不足和调整

由于对下放权力的应用效果不同，各省之间的差距可能加大。因此，从 2020 年开始实施的权力下放将需要更多高素质行政人员，以适应各层级

[1] 资料来源于莫桑比克教育部官网。

行政部门的人才需求。需要指出的是，因为各地区在资源分配方面仍存在差距，所以权力下放的程度和效果城乡差异明显，农村学校的权力下放程度及其效果均不理想。教育部应制定相关政策保证各省之间资源和成果分配的公平性，从而确保权力的下放在不同地区的执行具有相对一致性。

在学校层面，学校理事会发挥出越来越大的管理作用，教师培训学院对学校管理人员的培训、对大规模采购的资金支持、在普通中等教育中引入电子信息管理系统等举措都提高了莫桑比克教育行政体系的运作效率，使其进一步与国际要求接轨。虽然学校得到了一定的自主权，并已采取多种管理手段（例如各学校颁布自己的《学校规章》和《学校管理手册》），但实质上还并没有达到《2012—2016/2019 年教育战略计划》中关于提高教育行政效率的预期效果。这反映出教育部政策在实际落实过程中人力和物力方面不足而导致的政策执行效果不佳的情况。

综合考虑《2012—2016/2019 年教育战略计划》的实施情况，最新制定的《2020—2029 年教育战略计划》在教育行政方面提出了以下革新举措：①赋予地方技术与青年教育服务局更多的人力、物力和财力资源，助力其开展对学校的监督工作。②各级教育部门继续对小学教育教师的分配工作进行指导和监督。③随着学校数量的快速增长，必须加快学校教学物资采购制度的改革。④在资源分配方面，优先考虑处境最不利的学校。⑤加强对教育行政人员的培训和监督，宣传优秀的教育行政案例。⑥在硬件方面，废除室外露天教室，并尽快明确这项改造工程的时限。⑦改善农村地区的学校条件，包括供水、卫生设施、围墙、娱乐场所等，并且增强基础设施抵抗灾害天气的能力。⑧根据各董事对学校运作的贡献进行工作评估，制定教学质量标准。

《2020—2029 年教育战略计划》明确了中央和地方教育行政改革的具体方向：教育服务去中心化、保障资源分配的透明性和公平性，以及建立与完善问责制。在这十年，莫桑比克教育行政的目标是实现透明、高效和管理得当的下放式教育，教育部门将在公共行政职权覆盖的所有领域中确保实现平等、公正、道德和正义的教育活动，这符合国家教育体系的初衷。

第四节 教育行政面临的挑战及未来展望

教育行政是国家教育体系的运作内核，是教育事业发展的支撑。教育行政的整体质量、学校内部的运转效率都会对教育质量产生影响。目前，莫桑比克正面临着教育行政效率低下的困境，这导致该国的教育质量普遍较低。一个莫桑比克儿童完成小学教育的平均时间约为 12 年，是教育部规定时间（6 年）的两倍，这造成家庭和社会教育成本的增高和资源的浪费。[1]因此，进行教育行政改革，努力优化国家教育体系的管理，是提高莫桑比克教育质量的重要举措之一。

一、跨部门合作

莫桑比克教育行政权力存在诸多细节性的问题。各级教育行政部门中负责执行措施的机构的权力受到严重限制，行政能力受到束缚。在权力下放的背景下，跨部门作业难度增加。这种跨部门、跨领域的合作不仅存在于权力下放的省、地区一级，在国家层面也有涉及，因而确保机构间的联系是非常重要的。教育部门应与卫生、性别、儿童、社会行动、公共工程和水资源等相关部门密切合作，特别是基建、水资源和公共卫生领域相关部门与学生生活联系尤为紧密。

[1] 资料来源于莫桑比克教育部官网。

二、师资管理

莫桑比克正面临如何合理分配师资的教育行政挑战。在莫桑比克，有的学校教师人数众多，单个教师工作压力小、工作时间短；而另外一些学校的教师总数少，单个教师工作量过大。小学教育的教师多，师生比例较高；而中学教育的某些科目则缺乏教师，师生比例低。要想改变这些情况，需要统一教师团队的安置和管理措施，加强学校基础设施以吸引教师，并重新定义和合理规划教师培训。莫桑比克教育部提出，对学校校长和教师候选人甄选的标准进行审查，突出"择优、透明、公平"三大原则，并且基于绩效对教职工工作情况进行评估，创建个人绩效评估体系，促进教职工的专业发展。

三、资金使用

各层级教育部门在学校建设和采购教学资料方面存在许多问题。学校采购商品和配套服务时，并未按计划全部执行，导致政府拨款的教育资金高额结余。基础建设和设备购置方面的延误还影响了教学质量的提高，这种不合理运用导致的资金浪费，与国家教育事业资源整体缺乏的现实形成了鲜明对比，与国家提高教育质量的计划相违背。

四、规范监管

在权力下放过程中缺乏有效的监督和检查。在莫桑比克教育行政规划、预算、执行、监测和评估循环中，监测和评估是两个基本组成部分，然而这两个部分较少关注教师的职能行使情况，从而导致教学质量低下。据莫桑比克教育部统计，教师不受监管，出勤率较低，在学前教育应开展的 190 天课程计划中，儿童平均有效上课时间只有 74 天，在小学教育阶段，每天有效上课时长仅为 2 小时 38 分钟。针对这一情况，教育部在其统计结果中指出，校长的出勤率对教师出勤率的影响很大，在缺少规范监管机制的情况下，如果一所学校的校长不能以身作则，教师缺勤的可能性是校长缺勤可能性的两倍。[1] 对于第三节提及的师资分布不均和本节提及的教师缺勤问题，莫桑比克教育行政发展的一个关键点就是加强国家教育体系中的人力资源管理（包括学校管理人员和教师）。

五、保护女性

尽管国家通过不断革新教育行政促进国民教育中的性别平等，但是目前莫桑比克学校在保护女性学生免受性暴力方面进展甚微，缺乏有效的管制机制和宣传路径。并且，受制于国家整体经济发展，莫桑比克一些地区的学校缺少安全的、区分性别的洗手间，这对于学生是不安全的因素。因此，目前莫桑比克教育行政需解决的问题是如何在学习、生活等多个方面关注和解决女性学生的具体需求，如何采取有效措施正确引导学校工作人员树立正确的性别意识，使学校成为安全的、传授知识的育人场所。

[1] 资料来源于莫桑比克教育部官网。

第十二章 中莫教育交流

第一节 交流历史

中国与莫桑比克于1975年正式建交，莫桑比克是较早与中华人民共和国建交的非洲国家之一，同时也是同中国合作程度最深、领域最广、成果最丰的非洲国家之一。自两国建交以来，双边关系发展顺利，各级别人员互访不断。随着“一带一路”倡议的纵深发展，两国各领域的友好合作不断深化，尤其在经贸实务和教育交流方面取得了喜人硕果。

一、中莫古代交流

莫桑比克是中国古代“海上丝绸之路”上的非洲国家之一[1]，与中国的经贸与文化交流源远流长。据史料记载，中国与莫桑比克的交流始于元朝，元代旅行家汪大渊极为可能是第一位到达莫桑比克的中国人。他在1349年撰写的《岛夷志略》中首次提到“加将门里”这一地名，据考证，该地为现今莫桑比克东北部的港口城市克里马内。根据现有资料，该书是最早对

[1] 邢献红．中国与莫桑比克文化交流探析 [J]．浙江师范大学学报（社会科学版），2018，43（5）：119-124.

莫桑比克自然景观与风土人情做细致描述的中国古籍："去加里二千里，乔木成林，修竹高节。其地堰渚，田肥美，一岁三收谷"，以及"俗薄。男女挽髻，穿长衫。从杂回人居之……其土商每兴黑囡[1]往朋加剌，互用银钱之多寡，随其大小高下而议价。"[2]

中莫两国的交流在明代更加频繁和深入。根据《明史》记载，郑和下西洋的终点为"比剌"与"孙剌"，这两地均位于现在莫桑比克的索法拉省。明朝中后期，欧洲国家纷纷开始从中国进口瓷器，葡萄牙便是其中之一。当时的莫桑比克作为葡萄牙殖民地，深受葡萄牙流行与审美的影响，因而同样对中国瓷器很感兴趣，中国瓷器因此得以远销莫桑比克。

19 世纪后期，中国澳门的一些劳动力移居到莫桑比克的洛伦索·马贵斯（今莫桑比克首都马普托市），成为第一批在莫桑比克定居的华人。他们被迫在此开辟土地，参与城市建设等一系列苦力劳动。19 世纪末至 20 世纪初，华人凭借其勤劳勇敢的品质为莫桑比克的建设做出了巨大贡献。曾有一批华人在 1892—1898 年以及 1886—1894 年，分别为修建莫桑比克至津巴布韦与莫桑比克至南非的铁路做出巨大贡献。

二、新中国成立后的中莫交流

中华人民共和国成立后，中国与莫桑比克在政治、经济与文化领域的合作进一步加强。在政治上，从莫桑比克争取民族独立的斗争开始，中国便给予莫桑比克无私的帮助。1975 年年初，莫桑比克第一任总统萨莫拉·马谢尔访问中国。在这次访问中，马谢尔总统发表讲话感谢中国人民和政府为莫桑比克反对殖民主义和帝国主义斗争所提供的支持，并表示中国对莫

[1] 指黑人儿童。

[2] 汪大渊. 岛夷志略校释 [M]. 苏继庼，注. 北京：中华书局，1981：40.

桑比克的民族解放运动的支持将成为两国关系发展的政治基石。随后，两国于 1975 年 6 月 25 日正式建立外交关系。2016 年 5 月 21 日，应中华人民共和国国家主席习近平的邀请，莫桑比克共和国总统菲利佩·雅辛托·纽西对中华人民共和国进行国事访问。中莫传统友谊源远流长，它建立在双方并肩反对帝国主义和殖民主义、实现莫桑比克政治解放的斗争的基础之上，并在各自国家建设进程中不断巩固。两国在政治上互信互助，经济合作日益紧密。双方是互利共赢、共同发展的好伙伴，平等相待、相互支持的好朋友，风雨同舟、患难与共的好兄弟。鉴于此，并着眼于未来发展，两国元首决定将中莫关系提升为全面战略合作伙伴关系，并共同签署了《中华人民共和国和莫桑比克共和国关于建立全面战略合作伙伴关系的联合声明》。双方将进一步扩大人文交流，促进两国在文化、教育、卫生、青年、地方政府、智库、媒体等方面的交流。

经济合作是中国和莫桑比克之间交流合作的重要主题。中莫两国自正式建交以来，双边关系不断发展，在经贸领域保持着密切的交往。莫桑比克第一任总统马谢尔 1980 年在马普托市会见中国外交部部长黄华时强调，两国需要探索经贸合作领域关系。20 世纪 80 年代中期，国际国内因素促使莫桑比克和中国与世界其他国家在经济上的联系进一步加强。第一，莫桑比克于 1984 年加入世界银行和国际货币基金组织，政府于 1987 年在国内进行经济改革，开始推行市场经济，并欢迎其他国家到莫桑比克投资。第二，莫桑比克于 1990 年进行宪法改革，并于 1992 年结束内部武装冲突，渐趋稳定的莫桑比克政局对中国来说意味着更安全、更具有吸引力的投资环境，利于中莫两国开展相关经济合作。第三，这一时期莫桑比克探明了更多矿产资源，并进一步拓展了可用于经济作物生长的耕地面积，这丰富了投资的渠道，有利于吸引包括中国在内的更多外资。第四，2000 年中非合作论坛的成立和 2003 年中国–葡语国家经贸合作论坛（澳门论坛）的建立搭建对话平台，从而加深了中国与莫桑比克的经济联系。

自2007年中国国家主席胡锦涛首次访问莫桑比克以来[1]，中国对莫桑比克经济发展的重要性不断增强。截至2010年，莫桑比克投资促进中心批准了中国3 860万美元的投资，中国成为莫桑比克的主要外资来源国之一，中国的主要投资领域包括工业、农业、农业加工、服务业及基础设施建设。2011年1—11月，中国与莫桑比克之间的贸易额达到7.59亿美元，未来中国可能成为莫桑比克矿产和能源的主要出口国之一。

除此之外，两国之间文化领域的合作也成为人们关注的焦点。2011年4月，中共中央政治局常委李长春访问莫桑比克期间，两国签署了六项新协议，其中包括在莫桑比克播放中国国际广播电视台葡萄牙语频道的电视节目和在莫桑比克成立孔子学院等合作内容。[2]2012年，中国中央电视台与莫桑比克电视台（TVM）签署了合作协议。根据合作协议，莫桑比克电视台将以显示葡萄牙语字幕的方式播放中国中央电视台制作的两个文化节目；同时，莫桑比克电视台也会将其有关社会经济、文化体育的电视节目翻译成中文，并通过中国中央电视台在中国播出。

中华人民共和国驻莫桑比克共和国大使馆曾多次在马普托市举行活动以推广中华文化。例如，2011年，中国大使馆在两所大学举办了庆祝新华社成立80周年的摄影展。再如，2018年，中国大使馆举办“茶韵中国”主题文化交流活动，使馆工作人员向莫桑比克师生介绍中国的茶文化，为他们提供了解中国传统文化的机会。同年，中国大使馆为2018—2019学年赴华的莫桑比克留学生举行送行会。这批留学生来自莫桑比克各个省份，将赴中国高校接受一年的中文预科教育，然后接受土木工程、采矿工程、石油工程、机械制

[1] 中华人民共和国外交部．胡锦涛抵达马普托开始对莫桑比克进行国事访问 [EB/OL]. [2007-02-08]. https://www.fmprc.gov.cn/123/wjb/zzjg/fzs/xwlb/t296230.htm.

[2] 中华人民共和国驻莫桑比克共和国大使馆．中莫关系 [EB/OL]. [2020-05-13]. http://mz.chineseembassy.org/chn/zmgx/t1363171.htm.

造、国际贸易、计算机、农业环境、临床医学等专业的高等教育。[1]2019 年 10 月 24 日，中国电影周活动在莫桑比克首都马普托市举办。此次活动增进了莫桑比克民众对中国的了解，促进了两国文化交流和民心相通，同时也进一步增强了两国在文创产业的交流。

中国还对莫桑比克展开人道主义援助并对莫桑比克的公共基础设施建设进行投资。例如，中国政府曾参与帮助莫桑比克建造了世界一流的津佩托国家体育场，该体育场成为莫桑比克 2011 年举办全非运动会的主要场地。莫桑比克体育部部长费尔南多·松巴纳表示，津佩托国家体育场是莫桑比克独立以来在体育方面获得的最主要援助项目之一，这对促进莫桑比克体育运动发展、增强民众自信心发挥了很大作用。此外，这一国际标准的体育设施还赋予了莫桑比克与其他国家竞逐地区性体育赛事举办权的机会，因而中国对莫桑比克的这一支持与援助意义非同一般。

第二节 现状、模式与原则

一、两国教育交流现状

中国国家主席习近平在 2014 年访问联合国教科文组织总部的讲话中提道：“文明是平等的，人类文明因平等才有交流互鉴的前提。各种人类文明在价值上是平等的，都各有千秋，也各有不足。世界上不存在十全十美的文明，也不存在一无是处的文明，文明没有高低、优劣之分。”同时，习近平主席也指出“文明是包容的，人类文明因包容才有交流互鉴的动力。海

[1] 中华人民共和国外交部. 驻莫桑比克使馆举办 2018—2019 学年莫赴华留学生送行会 [EB/OL]. [2018-08-22]. https://www.fmprc.gov.cn/web/gjhdq_676201/gj_676203/fz_677316/1206_678236/1206x2_678256/t1587394.shtml.

纳百川，有容乃大。人类创造的各种文明都是劳动和智慧的结晶。每一种文明都是独特的。在文明问题上，生搬硬套、削足适履不仅是不可能的，而且是十分有害的。一切文明成果都值得尊重，一切文明成果都要珍惜。”[1]

经过几十年的实践与探索，中莫之间的教育交流与合作呈现多方面、多层次不断深化的趋势，近年来也取得了显著的合作成果。跨越大洋，进入中国大学学习的非洲学生数量逐年增加。中国政府还常年派遣教师和技术人员到莫桑比克，对当地人民进行教育和培训。

在 2005 年 11 月举办的中非教育部长论坛中，中国教育部、外交部与商务部邀请了包括来自莫桑比克等 19 个非洲国家的教育部部长，共同围绕“中非国家教育发展战略与国际交流与合作”这一主题进行商讨，并对发展中国家普及义务教育的战略计划与进一步优化各教育阶段等问题进行了深入的探讨。此次论坛为中国与包括莫桑比克在内的非洲国家之间的教育交流提供了新的发展思路，拓宽了教育交流的空间。[2]

2011 年 4 月莫桑比克爱德华多·蒙德拉内大学与中方正式签署在首都马普托市共建爱德华多·蒙德拉内大学孔子学院的协议。2012 年 1 月，中方正式派遣中方院长和中文教师志愿者前往莫桑比克进行筹建工作。同年 10 月，爱德华多·蒙德拉内大学孔子学院正式挂牌成立。[3] 经过 4 年的努力，在 2016 年，爱德华多·蒙德拉内大学孔子学院与文学和社会科学院合作开设了莫桑比克第一个中文专业，将中文教学正式纳入莫桑比克国家教育体系，这极大地提升了中文在莫桑比克的影响力。

2016 年 5 月，中莫建立全面战略合作伙伴关系，明确提及“21 世纪海

---

[1] 中国政府网．习近平：文明交流互鉴是推动人类文明进步和世界和平发展的重要动力 [EB/OL]. [2020-12-30]. http://www.gov.cn/xinwen/2019-05/01/content_5388073.htm.

[2] 中华人民共和国中央人民政府．中非教育部长论坛在京举行 [EB/OL]. [2020-12-30]. http://www.gov.cn/jrzg/2005-11/27/content_110398.htm.

[3] 人民日报海外网．莫桑比克蒙德拉内大学孔子学院隆重揭牌 [EB/OL]. [2020-12-30]. http://haiwai.people.com.cn/n/2012/1018/c232579-17601634.html.

上丝绸之路”倡议，双方就进一步加大两国人文交流合作力度，扩大合作领域的问题进行了深入探讨。[1] 同年 7 月，中国教育部印发了《推进共建“一带一路”教育行动》的文件，文件明确规定了实施“丝绸之路”教育援助计划。[2] 莫桑比克作为中国古代“海上丝绸之路”的沿线国家之一，对其进行教育援助不仅能帮助莫桑比克培养更多的优秀人才，而且有利于通过响应“海上丝绸之路”倡议推动中国的国际化发展，实现中国与莫桑比克的双赢。

为进一步加强与莫桑比克的教育交流合作，2019 年 8 月 17 日，中国国际文化传播中心莫桑比克海外中心成立大会在北京举行。中国国际文化传播中心以加强同莫桑比克在文化、教育、旅游、智库、青年等领域的交流合作为主要目标，全面落实第二届“一带一路”国际合作高峰论坛成果，把实现自身发展同助力非洲发展紧密结合起来，实现合作共赢、共同发展，为增进中国人民与莫桑比克人民的相互了解和友谊贡献力量。[3]

尽管中国与莫桑比克的文化教育合作起步较晚，目前影响范围较小，但双方全面深化友好互利合作的潜力巨大、前景广阔。

二、两国教育交流模式

（一）良好的双边关系是教育交流的有力保障

中莫两国关系的良好发展，两国高层之间的频繁互动，为两国的教育

[1] 中华人民共和国驻莫桑比克共和国大使馆．中莫关系 [EB/OL]. [2020-12-30]. http://mz.chineseembassy.org/chn/zmgx/t1363171.htm.

[2] 中华人民共和国中央人民政府．教育部：全面推进共建“一带一路”教育行动 [EB/OL]. [2020-12-30]. http://www.gov.cn/xinwen/2019-02/20/content_5367017.htm.

[3] 中国网．中国国际文化传播中心成立莫桑比克海外中心 [EB/OL]. [2020-12-30]. http://wmzh.china.com.cn/2019-08/20/content_40868854.htm.

交流提供了有力保障和坚强支持。2015 年，习近平主席在参加中非合作论坛约翰内斯堡峰会期间会见纽西总统。2016 年，纽西总统来华进行国事访问并出席首届世界旅游发展大会。2018 年，纽西总统来华出席中非合作论坛北京峰会。2019 年，纽西总统来华出席第二届“一带一路”国际合作高峰论坛。2020 年，纽西总统就新冠肺炎疫情向习近平主席致慰问信。疫情暴发以来，中国政府向莫桑比克政府提供多批防疫物资援助。[1] 两国官方的持续互动促进彼此的相互理解和不同文明的对话，是双方各领域加强合作的重要保障和动力。

（二）专业技术人才与语言人才培养是教育交流的重要主题

2009 年，爱德华多·蒙德拉内大学与中国有关方面签署了两份谅解备忘录，以确立包括在爱德华多·蒙德拉内大学建立孔子学院在内的交流合作计划。2012 年，爱德华多·蒙德拉内大学孔子学院正式成立，第一批莫桑比克学生随后在该孔子学院报名注册了短期中文课程。为进一步在该校推广中文，爱德华多·蒙德拉内孔子学院对该大学的师生只收取一半的学费（教职员工和一般公众的费用分别为 500 梅蒂卡尔和 1 000 梅蒂卡尔）。目前，除爱德华多·蒙德拉内大学孔子学院外，楠普拉省、贝拉省、伊尼扬巴内省和莫桑比克岛也有 4 个教学点，这些中文教学点为莫桑比克的中部及北部地区提供中文培训。[2]

近年来，越来越多的莫桑比克人意识到学习中文的益处。从宏观层面来说，中国和莫桑比克之间关于中文教育的合作与交流为莫桑比克本土教师和翻译等职业人员提供有针对性的职业教育与培训，为中莫两国之间的

[1] 中华人民共和国驻莫桑比克共和国大使馆．中莫关系．[EB/OL] [2020-05-13] http://mz.chineseembassy.org/chn/zmgx/t1363171.htm.

[2] 资料来源于爱德华多·蒙德拉内大学官网。

经济合作创造更多的就业岗位，使有能力掌握中文的莫桑比克人在当地的就业市场更有竞争力。从个体层面来说，对于那些希望申请中国奖学金的莫桑比克学生来说，熟练掌握中文可以成为一个巨大的个人竞争优势。中莫两国在专业技术人才培养和语言教育方面的交流合作是双方教育交流的重要组成部分，双方各取所需，各展所长，互相支持，从而有效地增进双方的了解，加深了彼此的好感。

（三）奖学金为教育交流提供必要的支持

自 1992 年开始，中国国家留学基金委员会（以下简称“留基委”）开始对莫桑比克学生提供奖学金，2011 年以前，中国政府是莫桑比克学生奖学金的唯一提供者。

留基委奖学金的提供期限取决于申请者所接受授课的教育阶段和语言。学士学位课程的奖学金一般持续提供 5—6 年（大多数专业的学习时间为 4 年学士学位课程加上 1 年的中文学习课程，医学和建筑专业为 5 年学士学位课程加上 1 年的中文学习课程）。研究生课程的奖学金一般持续提供 2—4 年（以英语授课的硕士和博士学位候选人，通常分别需要 2 年和 3 年毕业；以中文授课的硕士和博士学位候选人则都需要先学习 1 年的中文课程，即在华留学总时长分别为 3 年和 4 年。但总的来说，大多数奖学金都只针对以中文授课的项目）。

（四）有关院校为教育交流提供平台

进入 21 世纪以来，中国部分高校开始和两所莫桑比克高校建立合作关系。例如，2011 年，浙江师范大学与爱德华多 · 蒙德拉内大学建立了合作关系，并在莫桑比克建立了孔子学院；佛山大学与莫桑比克私立大学圣托马斯大学在农业领域签署了合作协议，并根据这一协议，佛山大学于2011年在马普托市开办现代农业技术培训班。中国院校也积极开设相应课程介绍莫桑比克历史、文化及葡萄牙语，鼓励学者对莫桑比克的历史、文化及语言进行相关研究。同时，双方加强两国高等教育机构和研究所之间的交流与合作，推进联合研究培养项目。

三、两国教育交流原则

（一）平等自愿，互相尊重

“平等自愿，互相尊重”是中莫教育交流的首要原则。其中，“平等”指双方政府部门、学校、教师、学生等参与交流的主体在交流过程中处于同等地位，享有同等和相对应的机会和权利。“自愿”指双方在交流过程中不将自身的意愿强加于对方，策划活动时多使用建议、提议等形式。“互相尊重”指两国互相尊重对方国家主权、国情、文化、宗教、传统等，在此基础上开展交流活动。

平等交流是主权国家教育对外开放的基本要求。教育对外开放中的平等交流，不是单向地学习国外的科学技术、文化知识和教育经验，而是强调双向的相互学习借鉴；不是盲目崇拜其他国家的理念、实践和知识，也不是故步自封，而是强调教育交流的平等互益。中国的教育法律法规和政策文件坚持独立自主、平等互利原则，维护教育主权。《中华人民共和国教育法》规定：“教育对外交流与合作坚持独立自主、平等互利、相互尊重的原则，不得违反中国法律，不得损害国家主权、安全和社会公共利益。”

（二）因地制宜，实事求是

中国与莫桑比克有各自的国情、文化和教育体系，两国教育交流的顺利开展，得益于“因地制宜，实事求是”这一原则的指导。双方在交流过程中，根据各自国情条件以及国际环境的变化，确定交流的具体内容和形式，双方发挥自身优势，扬长避短，使得具体交流活动具有灵活性和有效性。例如，将语言人才培养作为教育交流的重点，不仅有利于中国优秀文化在海外的传播，促进中莫人民在文化上的相互了解，而且有利于提高莫桑比克当地人民的就业竞争力，促进莫桑比克经济的发展。

（三）适应发展，服务大局

服务于中莫双边关系大局的发展，同样也是教育交流的重要目的和原则之一。中国和莫桑比克的国家关系发展大局为双方教育交流提供了牢固基础和重要保障。教育领域的密切交流和深化合作是与不断发展的双边关系相适应、相衔接的，教育交流超前或滞后都会造成这种对应关系的错位；相对应地，加强和深化教育交流也会对双边关系的整体发展和水平提升产生积极作用。

第三节 案例与思考

一、交流案例

中华人民共和国与莫桑比克共和国建交以来，两国关系发展顺利，在基础设施建设、农业、矿业、加工制造业、教育、文化、卫生、旅游、能源等领域交流频繁，合作深入。在中莫关系史上，两国教育交流案例并不常见，其中具有代表性的两个案例分别为2011年签订孔子学院相关协议以及2017年在济南举办莫桑比克职业教育教师培训班。

（一）案例一

2011年4月，莫桑比克爱德华多·蒙德拉内大学与中国有关方面正式签署在首都马普托市共建爱德华多·蒙德拉内大学孔子学院的协议。2012年10月，爱德华多·蒙德拉内大学孔子学院正式成立，它标志着莫桑比克境内首个规范、正式的中文教学机构落成。截至2018年，爱德华多·蒙德拉内大学孔子学院的中文教师数量从最初的8名发展到27名（其中包括一名莫桑比克籍的本地教师），在该孔子学院注册学习的学生累计达4 600人。

除师资水平提高、学生人数增加外，爱德华多·蒙德拉内大学孔子学院的教学辐射范围也逐年扩大。截至2020年，该孔子学院已在莫桑比克南部、中部及北部地区共建立了12个教学点，如在爱德华多·蒙德拉内大学、爱德华多·蒙德拉内大学选修班、爱德华多·蒙德拉内大学合唱团、高等国际关系学院、语言学院、中华文化协会、马普托国际小学等设有南部教学点，在贝拉赞比西大学设有中部教学点，在楠普拉乌鲁姆大学设有北部教学点。

为加强中国与莫桑比克的文化教育交流，增进两国人民的互相了解，该孔子学院还以爱德华多·蒙德拉内大学为依托，积极开展丰富多彩的中国文化活动，成为近年来中莫文化交流的中坚力量和重要平台。例如，该孔子学院在爱德华多·蒙德拉内大学合唱团开设教学点后，曾多次在爱德华多·蒙德拉内毕业典礼、“北京之夜”等大型活动上进行中国文化相关的文艺表演。2017年6月，爱德华多·蒙德拉内大学孔子学院在莫桑比克电台开设了为期三个月的“汉语之声”节目，2018年年初，“全景中国”系列节目开播。此类媒体节目大大提升了中文和中华文化在莫桑比克的传播效率，为莫桑比克人民学习中文、了解中国提供了有效途径。此外，该孔子学院2017年8月举办了“汉语桥”选拔比赛，在此次比赛中有两位莫桑比克籍学员表现突出，最终获得第十届“汉语桥”世界中学生中文比赛的非洲组冠军，这不仅是爱德华多·蒙德拉内大学孔子学院学生个人风采的体现，也是中文学习与中国文化传播的重要体现。[1]

为了满足各类学员的需求，爱德华多·蒙德拉内大学孔子学院与爱德华多·蒙德拉内大学文学和社会科学院于2016年合作开设莫桑比克第一个汉语专业。从此，中文教学正式纳入莫桑比克国家教育体系，这极大地提升了中文在莫桑比克的影响力。随后，2017年3月，莫桑比克北部的楠普拉乌鲁姆大学也开设为期两年的汉语选修课。

可以看出，爱德华多·蒙德拉内大学孔子学院作为中莫文化教育交流的重要平台，以中文教学和传播优秀中华文化为依托，不断发掘两国教育合作的潜力，拓展教育交流的空间，深化教育合作的领域。

（二）案例二

2019年5—9月，济南职业学院举办了莫桑比克职业教育教师培训班。30名莫桑比克教师在济南职业学院接受了为期4个月的职业培训。教学内容包括历史、文化、经济、装备制造业、教师教学等方面，30名莫桑比克职业教育教师经过4个月的培训后获得学校颁发的装备制造业职业教师强化课程培训结业证书和德国工商大会颁发的德国装备制造业强化课程培训证书。此次莫桑比克职业教育教师培训班落实了2016年莫桑比克纽西总统

[1] 孔子学院非洲研修中心与浙江省孔子学院师资选拔培训中心. 莫桑比克蒙德拉内大学孔子学院. [EB/OL]. [2020-05-23] http://ci.zjnu.edu.cn/2018/0125/c10123a232066/page.htm.

访华时提出的计划，也推进山东省政府代表团出访莫桑比克确定的“莫桑比克职业教育培训重点项目”的具体实施。这为中国学校响应“一带一路”倡议提供了思路和示范。

二、思考

（一）问题和挑战

从中国与莫桑比克教育交流的案例中能看到中莫双方在交流过程中依然存在问题和挑战，主要包括以下五点。第一，莫桑比克经济落后，政府缺乏教育资金。第二，莫桑比克语言使用情况复杂，当地英语普及率低，除了官方语言葡萄牙语外，还有60多种地方语言在当地使用，因而难以大范围地推广教育交流活动。第三，经过葡萄牙近五百年的殖民统治后，莫桑比克人的价值观以及教育工作者的教学理念与中国的教育学者之间存在较大的差异，这一情况对中莫教育交流的开展提出挑战。第四，中国方面缺少掌握葡萄牙语的教育专家，这在一定程度上阻碍了中莫双方进一步加深教育合作。第五，当前国际环境错综复杂，国际舆论环境对各国文化交流的态度较为保守。

（二）经验总结

1. 平等对话，尊重文化差异

不同国家在教育交流过程中应坚持平等对话的原则，借鉴彼此经验，秉持尊重文化多样性的心态，理性看待自身和交流对象国之间存在的文化、社会差异，这样平等、尊重的沟通方式才是跨文化交流的最佳选择。

2．弘扬中国优秀传统文化，坚定文化自信心态

一系列中华传统文化活动在莫桑比克顺利开展展现出莫桑比克人民对中国传统文化的浓厚兴趣，文化活动是缩短两国民众心理距离、增进友好感情的重要方式。所以，在未来的文化与教育交流中，应继续立足中国的优秀传统文化，坚定自身的文化自信心态。

（三）建议

1．进一步完善交流机制

目前，中国与莫桑比克的文化交流与合作的领域仍需进一步扩宽，而健全的交流机制有利于规范两国的交流互动，并促进其持续开展。交流机制的建立与完善可以说是中国与莫桑比克两国开展持续稳定交流的必要保障。中国和莫桑比克两国可以在已有的教育文化交流的基础之上，进一步发掘深入合作的可能性，加强政府、高校、企业三个层次之间的有效互动。例如，中国与莫桑比克各大高校之间可以建立长期、稳定的学生交换项目与教师访学项目，增进双方青年学生与教师对对方国家的了解。两国各领域的企业也可以为对方学生提供丰富多样的实习项目、先进的仪器设备等，这样不仅可以促进双边的文化教育交流，还可以提升学生的就业竞争力。

2．加强专业复合型人才的储备

两国教育文化领域交流的顺利开展往往要求“语言+专业知识”的复

合型人才，即具备较强的外语能力、充足的外国文化知识储备、良好的跨文化交际能力和国际视野以及专业的职业技能。具体来说，中国与莫桑比克的教育交流要求相关人员具备经济、金融、互联网等行业相关专业知识的同时，熟练掌握中文与葡萄牙语两种语言，深入了解中国与莫桑比克在国情与文化等各个领域的差异。但是，这样的复合型人才在中国与莫桑比克的文化交流中仍然处于紧缺的状态。一方面，目前中国约有 30 所高等院校开设葡萄牙语专业，但是其培养模式存在一定的局限性，大多数毕业生仅仅掌握了基本的语言能力，并不具备突出的专业技能，他们在专业性较强的对外交流工作中优势不明显，往往无法满足企业对复合型人才的需求；另一方面，莫桑比克的中文教育处于刚刚起步的状态，面临着师资紧缺等一系列的问题。因此，中莫双方今后应该着力培养更多的复合型人才，以顺应市场的需求以及文化交流的需要，为双边交流合作提供人才储备。

3. 拓展文化教育交流层次与领域

中莫两国文化教育交流起步较晚，且两国地理位置相隔较远、社会文化差异较大，因而中莫两国文化教育交流的规模及其影响范围较小。正如前文所述，目前中莫的教育合作与交流内容以培养语言人才为主，以培养专业技术人才为辅，教育交流的内容与形式存在明显的局限性。近年来，双方合作关系日益密切，中莫两国应探讨拓展文化交流层次与领域的可能性，教育交流合作应尽可能地覆盖不同教育阶段，覆盖两国不同省份及地区，涉及经济、文化、科技、社会等不同领域，这样才能提高双方文化教育交流水平。

结　语

“丝绸之路经济带”和“21世纪海上丝绸之路”肩负着探寻经济增长之道、实现全球化再平衡、开创地区新型合作的使命。共建“一带一路”为推动区域教育大开放、大交流、大融合提供了契机。2016年7月13日，中华人民共和国教育部印发《推进共建“一带一路”教育行动》的通知。该文件指出“一带一路”沿线国家教育加强合作、共同行动，既是共建“一带一路”的重要组成部分，又为共建“一带一路”提供人才支撑。[1]

莫桑比克是中国在非洲的重要贸易伙伴之一，双方政治上高度互信，经济上高度互补，合作潜力巨大，前景广阔。2016年5月18日，中莫建立了全面战略合作伙伴关系。莫方响应“21世纪海上丝绸之路”倡议，并指出中莫双方的发展战略和政策相协同与对接，同意进一步扩大人文交流，其中就包括了文化、教育领域的合作。

莫桑比克经济欠发达，教育较为落后。中莫两国的教育合作相较于经贸合作还十分有限，仅包括建立中莫文化中心、建立孔子学院、鼓励留学等内容。教育是国富民强的根本，对于教育的重要性，两国政府早已达成共识。中莫两国尽管地理上相隔甚远，但是人员交流历史源远流长。两国的教育交流应当突破传统的以“外交关系为纲领、专业人才及中文教育为主线、奖学金为支持、院校为主要平台、社会力量为补充”的交流模式，

[1] 中国政府网．教育部关于印发《推进共建“一带一路”教育行动》的通知 [EB/OL]. [2020-02-27]. http://www.gov.cn/gongbao/content/2017/content_5181096.htm.

应增进理解、扩大开放、加强合作、互学互鉴，谋求共同利益、直面共同命运、勇担共同责任，聚力构建“一带一路”教育共同体，形成平等、包容、互惠、活跃的教育合作态势，促进区域教育发展。

随着经济全球化的发展，随着“一带一路”的建设，随着“人类命运共同体”理念逐渐深入人心，随着国人、学界的视野逐渐拓展，具有丰富内涵和独特形态的非洲文明引起了我们的关注。在当今中非关系迅猛发展的时代背景下，我们必须拓展和深化对非洲文明的认识，必须全面、系统地认识世界文明整体。

莫桑比克是以葡萄牙语为官方语言的非洲第二大国家。了解莫桑比克，有助于我们更好地了解非洲国家及其他葡语国家，甚至更好地了解整个世界。这种了解不应该仅限于经济、贸易层面，更应该深入理解文化及其相关领域。这是因为，21 世纪的国际合作早已不单单是贸易投资、基础设施建设，已经辐射到了人文交流上。

“一带一路”国家文化教育大系的《莫桑比克文化教育研究》一书对莫桑比克的国情、文化、教育的历史和现状做了客观的介绍和分析，总结了莫桑比克教育发展中的经验，并对中莫教育的交流提供了建议。希望本书能为中国读者和学者了解莫桑比克文化、教育提供参考，为中国非洲研究注入活力，为中国同莫桑比克和其他非洲国家、葡语国家、新兴市场国家的交往提供启示，为推动共建“一带一路”、共建人类命运共同体提供支持。

参考文献

一、中文文献

鲍里奇．有效教学方法 [M]．9 版．杨鲁新，译．上海：华东师范大学出版社，2021.

本书编写组．习近平总书记教育重要论述讲义 [M]．北京：高等教育出版社，2020.

方汉文．比较文化学新编 [M]．北京：北京师范大学出版社，2011.

冯增俊，陈时见，项贤明．当代比较教育学 [M]．2 版．北京：人民教育出版社，2015.

格利克曼．教育督导学：一种发展性视角 [M]．10 版．任文，译．上海：华东师范大学出版社，2021.

顾明远．顾明远教育演讲录 [M]．北京：人民教育出版社，2014.

国家信息中心"一带一路"大数据中心．"一带一路"大数据报告（2017）[M]．北京：商务印书馆，2017.

贺国庆，朱文富，等．外国职业教育通史 [M]．北京：人民教育出版社，2014.

洪虹，黄舍骄 . 莫桑比克 [M]．北京：世界知识出版社，2005.

教育部课题组．深入学习习近平关于教育的重要论述 [M]．北京：人民出版社，2019.
李春生．比较教育管理 [M]．南京：江苏教育出版社，2008.
刘捷，谢维和．栅栏内外：中国高等师范教育百年省思 [M]．北京：北京师范大学出版社，2002.
刘捷．教育的追问与求索 [M]．北京：人民出版社，2021.
刘捷．专业化：挑战 21 世纪的教师 [M]．北京：教育科学出版社，2002.
刘进，张志强，孔繁盛．“一带一路”高等教育研究（2019）：国际化展望 [M]．北京：北京理工大学出版社，2020.
刘进．“一带一路”学生流动与教育国际化 [M]．北京：北京理工大学出版社，2020.
刘生全．教育成层研究 [M]．北京：教育科学出版社，2011.
卢晓中．比较教育学 [M]．北京：人民教育出版社，2020.
陆有铨．教育的哲思与审视 [M]．北京：人民教育出版社，2016.
马健生．比较教育 [M]．北京：高等教育出版社，2010.
戚万学．现代西方道德教育理论研究：上，下卷 [M]．北京：人民教育出版社，2020.
秦惠民，王名扬．高等教育与家庭流动 [M]．北京：科学出版社，2019.
任钟印．东西方教育的覃思 [M]．北京：人民教育出版社，2017.
桑戴克．世界文化史 [M]．陈廷璠，译．上海：上海三联书店，2005.
单中惠．在世界范围内寻觅现代教育智慧 [M]．北京：人民教育出版社，2014.
石筠弢．学前教育课程论 [M]．2 版．北京：北京师范大学出版社，2014.
宋灏岩，钟点．葡语国家与地区概况 [M]．北京：中国农业出版社，2020.
孙有中．跨文化研究论丛 [M]．北京：外语教学与研究出版社，2019.
滕大春．教育史研究与教育规律探索 [M]．北京：人民教育出版社，2019.

滕大春．美国教育史 [M]．2 版．北京：人民教育出版社，2001．
万作芳．谁是好学生：关于学校评优标准的社会学研究 [M]．长春：吉林人民出版社，2006．
汪大渊．岛夷志略校释 [M]．苏继庼，注．北京：中华书局，1981．
王承绪，顾明远．比较教育 [M]．5 版．北京：人民教育出版社，2015．
王定华，秦惠民．北外教育评论：第 1 辑 [M]．北京：外语教学与研究出版社，2019．
王定华，杨丹．人类命运的回响——中国共产党外语教育 100 年 [M]．北京：外语教学与研究出版社，2021．
王定华，曾天山．民族复兴的强音——新中国外语教育 70 年 [M]．北京：外语教学与研究出版社，2019．
王定华．教育路上行与思 [M]．北京：人民出版社，2020．
王定华．美国高等教育：观察与研究 [M]．2 版．北京：人民教育出版社，2021．
王定华．美国基础教育：观察与研究 [M]．2 版．北京：人民教育出版社，2021．
王定华．中国基础教育：观察与研究 [M]．北京：人民教育出版社，2021．
王定华．中国教师教育：观察与研究 [M]．北京：人民教育出版社，2020．
王晓辉．比较教育政策 [M]．南京：江苏教育出版社，2009．
乌本．校长创新领导力：引领学校走向卓越 [M]．8 版．王定华，译．上海：华东师范大学出版社，2021．
吴式颖，李明德．外国教育史教程 [M]．3 版．北京：人民教育出版社，2015．
吴志宏．教育行政学 [M]．北京：人民教育出版社，2000．
习近平．论坚持推动构建人类命运共同体 [M]．北京：中央文献出版社，2018．

习近平．习近平谈“一带一路”[M]．北京：中央文献出版社，2018.

谢维和．教育活动的社会学分析：一种教育社会学研究 [M]．修订版．北京：教育科学出版社，2007.

谢维和．我的教育觉悟 [M]．北京：人民教育出版社，2016.

徐辉．国际教育初探——比较教育的新进展 [M]．2 版．成都：四川教育出版社，2005.

杨汉清．比较教育学 [M]．3 版．北京：人民教育出版社，2015.

裔昭印，徐善伟，赵鸣歧．世界文化史 [M]．增订版．北京：北京大学出版社，2010.

苑大勇．终身学习视角下英国高等教育扩大参与政策研究 [M]．北京：高等教育出版社，2013.

曾天山，王定华．改革开放的先声——中国外语教育实践探索 [M]．2 版．北京：外语教学与研究出版社，2019.

张宝增．莫桑比克 [M]．北京：社会科学文献出版社，2011.

郑通涛，方环海，陈荣岚．“一带一路”视角下的教育发展研究 [M]．广州：世界图书出版广东有限公司，2017.

二、外文文献

CHRISTIE I. Mozambique: land of peace and promise[M]. Maputo: Bureau de Informação Pública, 1996.

CURTIS A, BAILEY K M, NUNAN D. Pursuing professional development: the self as source[M]. Beijing: Foreign Language Teaching and Research Press, 2004.

MARIO M, FRY P, LEVE L. Higher education in Mozambique[M]. Oxford: James Currey, 2013.

MUNGAZID A, WALKER L K. Educational reform and the transformation of southern Africa[M]. Westport: Praeger, 1997.

OPPONG J S. Africa south of the Sahara[M]. Philadelphia: Chelsea House Publishers, 2006.

Research Insitute José Negrão. Mozambique: effective delivery of public services in the education sector[M]. Johannesburg: Open Society Initiative for Southern Africa, 2012.

SCHLEICHER A. Preparing teachers and developing school leaders for 21st century[M]. Paris: OECD Publishing, 2012.

CASTIANO J P, NGOENHA S E, BERTHOUD G. Histoire de l'éducation au Mozambique: de la période coloniale à nos jours[M]. Paris: L'Harmattan, 2009.